우주산업의 로켓에 올라타라

우주 산업의 로켓에 올라타라

뉴 스페이스 시대의 비즈니스 전략

조동연 지음

미래의창

일러두기

✦ 책에 등장하는 인명, 기업명 등은 국립국어원의 표기법을 따랐으며, 국립국어원에 등재되지 않은
  일부 단어는 소리나는 대로 표기했습니다.

✦ 달러와 유로의 한화 표기는 고정환율을 기준으로 했습니다.
  (달러 1,150원, 유로 1,400원)

뉴 스페이스 시대의
기회를 잡아라

이른바 '뉴 스페이스New Space 시대'가 시작됐다. 천문학적 비용으로 인해 그간 정부와 군이 거의 독점적으로 주도해왔던 우주산업은 스페이스XSpaceX*와 같은 스타트업의 기술을 바탕으로 민간의 활발한 참여와 투자를 통해 다양한 상업화가 시도되고 있다.

이러한 우주산업은 우주발사체나 인공위성 제작에 더 이상 국한되지 않고, 우주 관광에서부터 물류, 위성 영상 분석, 우주 인터넷에 이르기까지 무궁무진한 서비스 영역으로 확대되고 있다. 일단 플

✤   스페이스X의 공식명칭은 Space Exploration Technologies Corporation이다.

랫폼이 갖춰지면 다양한 서비스가 등장하는 것은 시간문제다. 그야말로 전에 없던 대규모의 블루오션 시장이 열리는 것이다.

미·중 경쟁의 최전선, 우주

●

더불어 트럼프 행정부에서는 미·중 패권 경쟁이 본격적으로 수면 위로 떠올랐다. 이 두 강대국의 경쟁은 무역, 외교 및 안보 등 지역 패권 경쟁을 넘어 전방위로 확산되고 있는데, 이 중에서 가장 눈에 띄는 영역은 단연 우주다. 척박한 우주공간에 쓰이는 기술은 로켓 제조 및 발사, 첨단 소재 개발, 인공지능AI, 사물 인터넷IoT, 자율주행, 로봇, 바이오 등 최첨단의 기술 또는 적어도 우주공간에 활용이 적합한 정도의 기술 수준이 요구된다. 따라서 이 기술을 선점하는 일은 경제뿐 아니라 국가안보를 위시한 미·중 패권 경쟁에도 핵심적인 사안으로 인식되는 것이다. 최첨단 전장戰場으로서 우주공간이

우주산업의 로켓에 올라타라

군사적인 주요 영역으로 새롭게 부상하는 것도 이 같은 배경에 기인한다.

이 밖에도 기후 위기로 인한 지구 환경의 악화, 자원의 고갈, 이상 기후 등으로 지구를 넘어선 새로운 공간의 필요성이 증가하면서 우주에 관한 관심은 더욱 고조될 전망이다. 기술, 경제, 국가안보 등 복합적인 배경에서 우주 영역에 관한 관심은 이제 선택이 아닌 필수다.

2020년 초에 발생한 코로나19 사태로 인해 미·중 경쟁의 심화, 파괴적 기술 발전 및 기후 변화 등 지경학적, 지정학적 불확실성이 그 어느 때보다 증폭되는 양상을 보이는 와중에도 각국의 우주 관련 정책은 오히려 지속적으로 강화되고 있다.

뉴 스페이스 시대를 이끄는 미국을 먼저 살펴보면, 정책적으로 2020년 트럼프 행정부는 총 세 번에 걸쳐 〈우주정책서Space Policy Directives〉를 발간했다. 미국 역사상 최초의 우주 사이버보안 정책 원칙을 제시하는 〈우주정책지침 5호Space Policy Directive-5〉는 2017년 〈국가안보전략〉, 2018년 〈국가사이버전략〉과 〈우주정책지침 3호〉의 연장선에서 우주공간에서 이뤄지는 활동이 국가안보·경제 및 첨단 과학기술 발전에 필수적이라고 명시하고 있다. 또한 미국 정부와 상업적 우주 탐사 기업의 우주 자산과 기반 시설을 사이버 위협으로부터 보호하기 위한 원칙들도 제시했다.

이어 발표된 〈우주정책지침 6호〉는 우주 원자력 발전과 함께 핵추진 우주선 개발에 관한 내용이 포함돼 있다. 미국 항공우주국 (NASA)을 비롯한 미국 정부 기관에 달, 화성 등에서 사용할 핵분열 발전 시스템과 우주 핵추진 시스템의 개발을 촉구하는 일종의 가이드라인으로서, 이전 우주정책지침에 비해 미·중 경쟁에 있어 시사하는 바가 더욱 커졌다.

마지막으로 〈우주정책지침 7호〉는 우주를 기반으로 하는 위치·항법·시각Positioning·Navigation·Timing 프로그램에 대한 정책과 지침을 제시했다. 이어 NASA 역시 달 유인 탐사 계획인 '아르테미스 프로젝트Artemis Project*'에 참여하기 위해 준수해야 할 10대 원칙을 발

　　　　　　　　　　　　　　　　우주산업의 로켓에 올라타라

표하는 등 우주산업을 뒷받침하기 위한 정책적 기반을 꼼꼼하게 갖
췄다.

　기술적인 면에서는 뉴 스페이스 시대를 선도하고 있다고 해도
과언이 아닌 스페이스X가 2019년 5월 23일 저궤도 인공위성 기반
의 글로벌 인터넷망인 스타링크Starlink 구축을 위한 첫 번째 인공위
성 발사에 성공했다. 테슬라의 일론 머스크가 이끄는 스페이스X는
2020년 한 해에만 900여 개의 통신 위성을 쏘아 올렸으며, 2021년

✤　아르테미스 프로젝트는 NASA가 추진 중인 달 유인 탐사 계획으로, 2024년까지
　　달에 우주인 2명을 착륙시키는 것이 목표다. 이 프로젝트가 성공하면 1972년 아
　　폴로Apollo 17호가 마지막으로 유인 달 탐사를 한 지 반세기 만에 다시 달 착륙이
　　이뤄지며, 최초의 여성 우주인이 달을 밟게 된다.
　　아르테미스 프로젝트의 연장선에서 2020년 10월 13일 미국의 주도로 아르테
　　미스 협정Artemis Accords이 체결됐다. 2024년까지 달에 우주인을 착륙시키고,
　　2028년에는 달 남극 부근에 기지를 건설하는 것을 목표로 하는 이 협정에 우리
　　나라는 미국, 일본, 영국, 호주, 캐나다, 이탈리아, 룩셈부르크, 아랍에미리트,
　　우크라이나에 이어 열 번째로 참여하게 됐다.

8월 기준 총 1,740개의 위성을 550km 상공의 지구 저궤도에 올려 역사상 가장 큰 규모의 위성군으로 기록되는 성과를 거뒀다.

군사적으로 보자면, 미 우주군U.S. Space force이 2021년 미 국방 예산 7,450억 달러(약 856조 7,500억 원) 중 우주군 예산으로 154억 달러(약 17조 7,100억 원)를 요청했는데, 우주군 창설 이래 자체 예산안을 제출한 것은 이번이 처음이었다. 또한 최초로 〈우주군을 위한 우주력 교리Space Power Doctrine for Space Forces〉를 발표하고 지휘 구조, 조직 편성 및 인력 양성 등 향후 발전 방향을 구체적으로 제시해 바이든 행정부 들어 우주군 존속에 대한 의구심을 종식했다.

우주 영역에서 새로운 강자로 부상하는 중국의 도전도 이에 뒤지지 않는다. 2020년 11월 7일, 중국이 발사한 세레스CERES 1호는 길이가 약 19m밖에 안 되는 새로운 유형의 로켓으로 지구 저궤도에 350kg 중량의 탑재체를 실어 나를 수 있다. 이 발사로 통신 위성인 톈치天啟 성좌11이 예정된 궤도에 순조롭게 진입할 수 있었다.

얼핏 보기에 세레스 1호의 발사는 대수롭지 않아 보일 수 있다.

우주산업의 로켓에 올라타라

하지만 세레스 1호는 중국 정부가 쏘아 올린 것이 아니라 중국의 민간 기업이 발사한 상업용 로켓이라는 데 무게감이 실린다. 게다가 이 발사를 성사시킨 기업은 중국의 민간 로켓 벤처기업인 갤럭틱에너지Galactic Energy로 설립된 지 채 3년도 되지 않아 이뤄낸 일이라는 점에서 이번 성과는 빠르게 성장하고 있는 중국 민간 우주산업의 획기적 사건으로 볼만하다. 미국을 세계 최고의 우주 강국 자리에서 몰아내려는 중국의 도전에서 민간 우주산업은 점점 더 중요한 역할을 차지하고 있다.

우주 분야에서 중국이 보이는 이 같은 발전은 최근에 일어난 일이 아니다. 실제로 지난 20년간 중국의 우주산업은 빠른 속도로 성장해 왔으며, 그만큼 '우주 굴기崛起(우주 분야에서 우뚝 서겠다는 의지가 담긴 말)'를 향한 그간의 노력이 빛을 발하는 시기가 곧 도래할 것임을 예고하고 있다. 이제 21세기의 우주개발 경쟁은 곧 미·중 경쟁의 새로운 국면으로 확산되는 양상이다.

기회는 파괴적 혁신과
크로스 산업에서 시작된다

●

우주항공산업 비영리 단체인 스페이스 파운데이션Space Foundation의 보고서에 따르면 2018년 전 세계 우주산업 시장 규모는 4,147억 달러(약 477조 원)에 달한다는 분석이 나왔다. 전년 대비 8% 성장과 동시에 우주산업 시장 규모가 사상 처음 4,000억 달러 고지를 돌파한 것이다. 오늘날 전 세계 우주산업 시장의 지분 비율은 정부 21%, 민간 79%로 민간 기업의 시장 기여도가 높게 나타나고 있다. 미국 투자은행 모건스탠리는 2019년을 우주항공산업의 원년으로 선언하며 민간 기업의 주도로 우주산업 시장 규모가 2040년에는 1조 1,000억 달러(약 1,265조 원)까지 성장할 것으로 내다봤다.[1]

이러한 우주경제의 성장 가능성은 단순히 우주에 대한 오래된 호기심과 과학적인 탐구 정신에 기인하지 않는다. 그 기저에는 파괴적 기술 발전에 따른 가격 하락, 그리고 이로 인해 새롭게 창출된

우주산업의 로켓에 올라타라

시장과 비즈니스 모델이 있다.

'파괴적 기술Disruptive Technology'은 말 그대로 완전히 새로운 기능이나 속성으로 기존 기술 및 시장 진입 장벽을 무력화시키는 급진적이고 혁신적인 기술 체계를 말한다. 초기 단계의 파괴적 기술은 기존 기술에 비해 오히려 성능과 수익성이 떨어지고 시장 수요가 적어 불확실성이 크다. 따라서 당연히 기존 기술을 포기하고 성장성이 불투명한 새로운 기술에 투자하기는 쉽지 않다. 하지만 기존 기술이 현재라면 파괴적 기술은 미래와도 같다. 현재와 미래가 싸우면 당분간은 현재가 승리하겠지만, 미래를 주도하는 파괴적 기술은 점차 기존 선도 기업의 기반을 붕괴시키고 시장 판도를 일거에 뒤집어놓는 힘을 행사한다. 여기에는 전쟁의 패러다임을 전환할 가능성까지 포함한다. 이러한 까닭에 최근 미국과 중국을 비롯한 주요 국가들은 파괴적 기술 개발에 더욱 집중하고 있다.

미국의 과학사학자이자 철학자인 토머스 쿤Thomas S. Kuhn은 자신의 저서《과학혁명의 구조The Structure of Scientific Revolutions》에서 "과학의 발전은 누적된 지식의 축적이 아닌, 비축적적인 급진적이고 혁명적인 어떠한 사건을 계기로 이뤄진다"라며 이를 '패러다임의 변화'로 정의한다. 그러한 의미에서 최근 미국의 민간 우주 기업 스페이스X가 쏘아 올린 건 유인 우주선인 크루 드래건Crew Dragon만이 아니다. 그들이 쏘아 올린 건 경제 성장과 국가안보라는 두 가지 국가 이익을 위해 싸우는 첨단 과학기술의 혁신 전장을 비추는 조명탄이다. 우리는 바야흐로 안보와 경제, 그리고 기술이라는 다차원의 방정식을 풀어야 하는 새로운 안보 패러다임의 시대에 살고 있다.

최근 이러한 파괴적 기술의 발전이 가장 눈에 띄는 무대 역시 우주다. 그동안 정부와 군의 독차지였던 우주 무대에 점차 민간이 진입하기 시작하면서 정부와 군의 일하는 방식뿐만 아니라 조직 자체도 서서히 변하고 있다.

예컨대 미 국방부와 새로이 신설된 미국 우주군이 최근 앞다퉈 실리콘밸리의 스타트업과 협력하기 위한 다양한 프로그램을 추진

우주산업의 로켓에 올라타라

하는 이유는 과거와 같은 방식으로는 중국과의 기술 경쟁에서 우위를 차지하기 어렵다는 현실적인 판단에 기인한다.

이는 중국과의 경쟁에만 해당하지 않는다. 미군은 여전히 국방 분야에서 세계 최고의 연구·개발 능력을 자랑하고 있지만, 점점 규모가 커지고 가속도가 붙는 민간의 혁신성을 따라가기에는 역부족인 것이 사실이다. 특히 우주는 단순히 기술을 겨루는 일차원적 전장이 아니다. 우주에서 적용 가능한 기술 개발은 단순히 우주개발이나 우주의 군사적 이용 측면을 넘어 국가적 위상을 높이는 데 활용되기 때문이다.

과거 우주항공 분야는 록히드마틴이나 보잉 같은 전통 군수업체가 독점하다시피 했고 진입 장벽이 높아 후발주자가 들어올 여지가 없었다. 하지만 스페이스X의 경우 스타트업에서 시작해 초기에 발사 실패를 거듭하며 파산 직전까지 갔지만, 지금은 우주산업을 대표하는 아이콘이 됐다. 스페이스X는 유나이티드 론치 얼라이언스 United Launch Alliance, ULA(록히드마틴과 보잉이 설립한 군사 위성 발사 기업)가

100% 장악하던 미국 군사 위성 발사 시장을 65%나 잠식해 들어가며 이제는 시장의 새로운 지배자로 자리매김했다. 차별화된 요소를 이용해 기존 시장을 파괴하고 우위를 차지하는 전략인 '파괴적 혁신Disruptive Innovation'의 성공적인 예다.

NASA의 아르테미스 프로젝트만 봐도 우주 벤처기업과 스타트업이 가져온 변화를 금방 알 수 있다. NASA는 유인 달 탐사 계획인 아르테미스 프로젝트의 핵심인 달 착륙선 개발 사업자로 스페이스X를 단독 선정했다. 국제우주정거장International Space Station, ISS을 왕복하는 민간 유인 우주선 계약에 보잉과 스페이스X를 복수로 선정했는데, 달 착륙선에서는 이를 뒤집고 단독 계약을 한 것이다. 과거에는 대기업이 사회적 공헌 차원에서 스타트업을 지원했지만, 이제는 이런 파괴력과 혁신을 인정해 스스로 기업형 벤처캐피털을 만드는 등 오히려 기존 대기업이 스타트업의 유연함과 혁신성을 배우고 있는 입장이다.

결국, 기업은 수요가 있을 때 이익 실현이 가능하며 지금은 전

우주산업의 로켓에 올라타라

세계 국방부의 예산이 우주로 향하고 있다. 매우 단순한 경제학의 논리에 기반해 글로벌 우주항공 및 방위산업의 성장이 기대된다는 이야기다. 나아가 도시화와 지구온난화라는 메가 트렌드는 향후 4차 산업혁명 기술과 함께 융합하는 크로스 오버 산업의 가치를 더욱 상승시킬 것으로 예상된다.

최근 국내 우주항공 및 방위산업 분야 첨단 기술 기업과 스타트업들을 자주 접할 기회가 있었는데, 그들의 열정과 뛰어난 실력에서 커다란 가능성을 발견할 수 있었다. 국가 차원의 적절한 정책과 자본이 뒷받침된다면, 한국에서도 제2의 스페이스X와 같은 기업과 기업가들이 성장할 수 있는 잠재력이 충분하다. 이들을 통한 군사적 경쟁력의 확보, 그리고 과학기술 및 경제적 성장은 지금부터 우리가 어떻게 하느냐에 달렸다.

나아가 이러한 우주항공 및 방위산업의 발전은 국가안보와 직결되는 중요한 사안이다. 따라서 한국 역시 군에서 필요로 하는 소요를 바탕으로 연구소와 기업의 기술 개발을 통해 국가안보, 경제 그리고 첨단 과학기술의 성장을 이룰 기회로 뉴 스페이스 시대를 활용할 수 있어야 할 것이다. 지금 필요한 것은 한 걸음 앞서 미래를 내다보고 준비하는 일이다. 우주는 우리에게도 분명한 기회로 다가오고 있다.

이 책에서는 우주공간을 국가안보, 경제, 기술의 시각에서 재조명하고자 한다. 이제 막 태동하는 뉴 스페이스 시대의 우주를 어떻게 바라보고 해석하는지에 따라 군에게는 새로운 안보 환경에 맞는 군사전략을, 스타트업에는 그간 거대한 벽과도 같았던 국방이라는 새로운 시장을, 투자자에게는 우주항공 및 방위산업이라는 새로운 투자처를 찾을 기회를 가져다줄 것이다. 어떠한 선택을 하든 새로운 패러다임의 전환은 이미 시작됐다. 이러한 변화의 흐름을 읽어나가는 데 이 책이 조금이나마 도움이 되길 바란다.

2021년 10월

조동연

우주산업의 로켓에 올라타라

목차

✳

1부

✦

뉴 스페이스 시대의
새로운 비즈니스 모델

01

미 공군,
일론 머스크와 만나다

2019년 가을,
미국 실리콘밸리에서 생긴 일

2019년 11월, '미 공군 우주 피치데이U.S. Air Force Space Pitch Day' 행사
가 미국 샌프란시스코에서 열렸다. 2004년 육군사관학교를 졸업한
이래 2020년까지 육군에서 근무하는 동안 내가 관심을 가졌던 분
야는 미·중 기술 경쟁을 포함해 국제 관계 변화에 따른 국방정책과
군사전략이었다. 육군본부에서 마지막으로 맡았던 업무도 육군의
30년 후 미래 전략을 수립하는 일이었다. 미래를 예측할 수는 없지
만, 국가안보의 특성상 항상 최악의 조건을 상정하고 미래 안보 환

경을 예측해 전략을 세우는 것은 군의 중요한 고유 임무 중 하나다.

실리콘밸리 행사에 참석했던 때는 국제 안보 환경이 급변하던 시기였다. 2019년 6월 1일 미국은 인도·태평양 안보 전략을 발표하면서 구체적으로 중국에 대한 견제 정책들을 추진하기 시작했고, 새로운 군사전략과 작전 개념이 쏟아져 나오고 있었다.

미군이 조직 개편과 함께 4차 산업혁명 기술에 기반한 다양한 무기 체계 개발과 기존의 장비 현대화를 서두르는 상황에서 중국은 경제적 성장을 바탕으로 군사 현대화에 집중하고 있었다. 한국과 같이 미국과 중국 사이에 끼인 국가들은 지금까지와는 전혀 다른 새로운 안보 환경 속에서 경제와 안보에 대한 고민이 깊어갈 수밖에 없는 상황이었다.

당시에는 아직 미국이 우주군을 창설하기 전이었기 때문에 우주에 관련된 모든 업무는 미 공군 예하 우주 및 미사일 시스템 센터가 맡고 있었다. 그런데 미 공군이 직접 실리콘밸리에서 우주 관련 행사를 주최한 것이다. 왜 실리콘밸리고 왜 갑자기 우주일까? 궁금해진 나는 바로 비행기에 올랐다.

행사가 시작되고 우주 및 미사일 시스템 센터 사령관 존 톰슨Lt. Gen. John F. Thompson 중장이 큰 소리로 누군가를 소개하자 금세 행사장이 웅성거리기 시작했다. 잠시 후 무대 뒤에서 음악과 함께 일론 머스크가 등장하자 행사장을 가득 메운 현역 군인, 투자자, CEO, 엔지니어 할 것 없이 너도나도 사진을 찍기 바빴다.

당시에도 머스크는 테슬라의 공동 창립자이자 CEO로 전 세계

미 공군 우주 피치데이에서 대화 중인 존 톰슨 중장과 일론 머스크. 피치데이는 기술이 우수한 스타트업 및 중소기업과 협력하고자 하는 미군의 의지와 능력을 보여주는 행사다.

에 잘 알려져 있었다. 더불어 머스크는 로켓과 우주선의 개발을 총괄하는 스페이스X의 수석 설계자이자 인간의 뇌와 컴퓨터를 연결하는 '브레인-머신 인터페이스BMI' 개발 기업 뉴럴링크Neuralink, 그리고 지하 운송 시스템을 설계하는 굴착 기업 더 보링 컴퍼니The Boring Company를 설립해 이끌고 있었다. 그 전에 이미 인터넷 결제 시스템인 페이팔PayPal과 최초의 인터넷 지도 및 길 안내 서비스 중 하나인 집2Zip2를 공동으로 설립해 매각한 사실은 잘 알려져 있다. 다방면에서 혁신을 이끄는 머스크는 2021년 4월 《포브스》 기준 세계 2위의 억만장자이기도 하다.[1]

창업가로서 머스크의 혁신성과 괴짜다운 언행은 늘 전 세계 투자자들 사이에 관심의 대상이 되고 있었지만, 그런 그를 군 행사에서 마주하리라고는 상상도 하지 못했다. 너드Nerd, 괴짜, 혁신, 도전, 불예측성 등의 수식어가 늘 따라다니는 머스크와 명령, 규율, 지휘체계 등으로 묘사되는 미군의 장군이 마주 앉아 미래와 전쟁, 첨단 과학기술, 군사전략, 혁신과 도전에 관해 이야기를 나눈다는 것이 당시로서는 매우 어색하게 느껴졌다.

이 둘은 우선 언어부터가 다르다. 한국어, 영어, 중국어와 같이 다른 국적의 언어를 쓴다는 말이 아니다. 여기서 언어가 다르다는 말은 머스크와 같은 스타트업 CEO가 사용하는 언어와 표현은 30년 넘게 군에서 복무한 직업군인이 쓰는 언어와는 사용하는 단어부터가 다르다는 뜻이다. 이는 용어뿐만 아니라, 뉘앙스, 표현, 생각하는 방식 등을 총체적으로 의미한다. 하물며 그동안 쌓아 온 경험과 이를 통해 형성된 세상을 바라보는 관점은 비교할 수도 없이 다르다.

당시 행사를 주관했던 톰슨 중장과 머스크의 대담 장면은 군과 스타트업 두 세계의 만남이자, 각각의 입장에서 세상을 바라보는 관점과 생각의 차이를 극명하게 대비해서 보여주는 예였다는 점에서 보는 내내 어색하면서도 흥미로웠다.

머스크는 톰슨 중장과의 대담에서 재사용이 가능한 로켓을 '성배'에 비유하면서 "150t 무게의 물건을 우주로 운송할 수 있는 스타십Starship(스페이스X가 개발 중인 화성 이주용 우주선)의 발사 비용은 완전 재사용이 가능해지면 회당 200만 달러(약 23억 원)까지 낮출 수 있다"라고 말했다. 우주로 물건을 보내는 운송비가 kg당 13달러로

우주산업의 로켓에 올라타라

떨어지는 셈인데, 이는 해외로 물건을 배송하는 것보다 저렴하다. 두 사람의 대화 장면은 다음날 여러 신문과 잡지의 헤드라인을 장식하며 다양한 화제를 불러일으켰다.

게임체인저를
꿈꾸다

전통적인 군 조직에 여러 가지 측면에서 새로운 도전이었을 피치데이는 미래 전장에서 해결해야 할 다양한 문제를 첨단 기술을 개발하는 스타트업과 함께 풀어내고자 하는 미 공군의 의지를 보여준 자리였다. 즉, 피치데이는 실리콘밸리의 스타트업을 초청해 함께 국가안보 문제에 대해 토의하고 해결책을 모색하는 취지로 만들어진 새로운 프로그램인 것이다. 군은 임무를 수행하는 과정에서 마주하는 여러 문제에 관해 이야기하고, 스타트업은 그들이 가진 기술에 대해 발표하고 토론하면서 함께 솔루션을 찾아가는 새로운 기회의 장이었다.

이러한 과정은 절대로 쉽지 않다. 머스크와 톰슨 중장으로 대변되는 두 조직은 언어뿐만 아니라 사고하고 일하는 방식이 하나부터 열까지 다르기 때문이다. 군과 스타트업, 학계와 정책의 괴리는 하루아침에 좁혀지지 않는다. 그러나 오히려 이러한 다름과 다양성으로 인해, 기존에는 생각하지 못한 해결책이 나올 수 있겠다고 생각하니 행사의 전반적인 낯선 광경이 이해되기 시작했다.

톰슨 중장은 피치데이를 통해 미 공군이 전쟁의 판도를 바꿀 수 있는 이른바 '게임체인징game-changing' 역량에 전략적으로 투자할 기회를 가질 수 있을 것이라 설명했다. 특히 이러한 행사는 미군이 기존의 전통적인 무기 체계 획득 방식에서 벗어나 첨단 기술 스타트업에 투자함으로써, 미래 전장에서 필요한 새로운 기술 개발을 촉진할 수 있는 또 다른 방식이라고 덧붙였다.

미국의 우주항공 기업 에어로스페이스Aerospace CEO 출신인 바버라 배럿 공군 장관은 불과 행사 2주 전에 취임했는데, 이 행사를 위해 샌프란시스코까지 날아와 기조연설을 하기도 했다. 미 공군이 실리콘밸리로 대표되는 기술 기반의 혁신적인 스타트업들과 협력하는 것을 중요시한다는 강한 신호를 보낸 셈이다.

당시 놀랐던 이유가 머스크 때문만은 아니었다. 미 공군이 실리콘밸리로 찾아가 스타트업과 이러한 행사를 시도한 기획 자체도 새로웠지만, 형식과 규모, 진행 등의 여러 가지 면에서 기존의 군 행사와는 매우 달랐기 때문이다.

행사장에는 군복을 입은 미군들과 함께 정장을 입은 벤처 투자자들, 기업 CEO 그리고 비교적 자유로운 복장의 엔지니어들이 뒤섞여 앉아있었고 이런 행사에 참여할 수 있다는 사실에 다들 신이 난 모습들이었다. 몇몇은 여기저기 노트북을 들고 다니며 프레젠테이션을 준비하기 바빴고 다른 몇몇은 톰슨 중장과 머스크의 인터뷰를 배경으로 셀카를 찍고 있었다. 현역으로 한·미 연합사령부나 이라크 자이툰 부대에서 근무하면서 미군을 비롯한 외국군 장교들과 함께 많은 행사를 기획하고 참석해봤지만 이렇게까지 자유로운 분위기는 처음이었다. 지금껏 군이 스타트업과의 협력을 위해 이만큼이나 적극적인 경우도 드물었다. 미국의 경우 역시 예외가 아니었다.

역사적으로 첨단 과학기술의 발전은 군에서 시작된 사례가 많았다. 지금은 일상에서 너무나 자주 쓰이고 있어 그 기원을 인식하지 못하는 예도 있지만, GPS나 인터넷의 시작을 보면 모두 군의 필요에 의해 개발된 것이다. 첨단 과학기술은 전쟁의 승패를 가르는 군사력과 무기 체계 발전의 핵심 동력이자 인류의 성장을 이끌어온 가장 중요한 원동력 중 하나다. 혁신적인 과학기술의 등장은 기존의 패러다임을 무너뜨리기에 충분했고, 특히 전쟁을 수행하기 위한 국방 과학기술은 최근까지도 민간의 영역에서 그 영향력을 발휘했다. 이러한 기술은 파급력과 위험성, 그리고 고비용의 문제로 인해 최근까지도 정부와 군 주도로, 대부분 비밀리에 개발되고 활용됐던 것이 사실이다. 그만큼 일반인이 쉽게 접근하기 어려운 영역이었다.

하지만 2019년 미국 샌프란시스코에서 마주한 모습은 지금까지와는 사뭇 달랐다. 첨단 기술의 발전은 더이상 정부나 군이 주도하는 모습이 아니었다. 실리콘밸리의 열정적이고 천재적인 엔지니어들은 국방부와 같은 큰 조직과 계급이라는 틀이 있는 경직된 구조에서는 도저히 나올 수 없는 상상력과 번뜩이는 아이디어로 국가안보의 어려운 문제에 대한 해결책을 제시하고 있었다. 그리고 이러한 혁신의 속도는 해를 지나며 더욱더 빨라지면서 급기야 군을 앞지르고 말았다.

미국 무기 체계별 2022년 국방 예산	
4/5세대 차세대 전투기	59조 원
핵전력 현대화	31조 원
미사일 방어·장거리 무기	30조 원
우주전 수행	23조 원
사이버전 수행	11조 원
기타 훈련·동맹국 지원	137조 원

출처: 매일경제

미국 국방부 예산 추이

단위: 10억 달러

715
705
704
686

2019년　2020년　2021년　2022년

출처: 미국 국방부

이런 배경에서 미 국방부가 실리콘밸리에 구애의 손길을 뻗치는 것은 어찌 보면 당연하다. 애널리스트이자 칼럼니스트인 애덤 피셔 Adam Fisher는 저서 《원스어폰어타임인 실리콘밸리Valley of Genius》에서 "앞으로 인류에 닥칠 엄청난 위기들을 생각했을 때 새로운 너드 문화는 우리의 미래에 가장 긍정적인 대안이다"라고 표현한 바 있는데 이는 국방 분야에도 그대로 적용된다.

조 바이든 미국 대통령이 제출한 2022년 회계연도 예산안 중 전체 국방 예산은 7,529억 달러(약 866조 원) 규모다. 이 가운데 타 부처 예산을 제외한 순수 국방부 예산은 총 7,150억 달러(약 822조 원)로 전년 7,037억 달러 대비 1.6% 증가했다. 이 중 우주전 수행에 23조 원이 배정될 예정이다. 명실공히 세계 1위의 국방비 지출국인 미국은 전 세계 국방비 지출의 약 38%를 차지하며 이는 2~11위 국가의 국방비 지출을 합친 총액보다 큰 금액이다. 이러한 국방 예산은 민간 투자를 가능케 하는 마중물의 역할을 하고 있다.

　　　　　　　　　　　　　　　우주산업의 로켓에 올라타라

매력적인
벤처 투자자의 등장

●

실제로 이틀간의 피치데이 행사 중에 미 공군은 우수한 기술을 보여준 12개 스타트업들과 계약을 체결함과 동시에 현장에서 각 75만 달러(약 8억 6,250만 원) 규모의 수표를 건넸다.[2] 여기서 '우수한 기술'이란 전투기 조종사를 비롯한 공군 장교, 부사관 및 군무원들이 현장에서 임무를 수행하는 데 꼭 필요한 기술을 의미한다. 특히 위성에 대한 공격을 피하기 위한 위성용 추진체 기술, 새로운 센서로 위협을 조기 감지하는 기술 등이 주목받았다.

그중 스타트업 오빗 팝Orbit Fab은 우주 최초의 궤도 주유소를 건

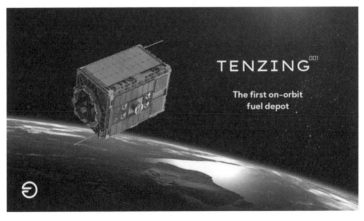

스타트업 오빗 팝의 우주 궤도에서 운용되는 연료 저장소 텐징Tenzing. 오빗 팝은 지구가 아닌 우주에서 바로 우주선 및 위성에게 급유할 수 있는 우주 주유소 'GAS Stations in Space™' 건설을 목표로 하고 있다.

설해 연료 재공급으로 위성 수명을 연장한다는 기술을 선보였고, 카펠라 스페이스Capella Space는 구름이 낀 상황이나 야간에도 선명한 위성 사진을 찍을 수 있는 센서 기술을 전시했다. 론처Launcher는 3D 프린팅을 통해 액체 연료 로켓 엔진을 제작하겠다는 아이디어를 가지고 왔다.

이들 스타트업이 보여준 기술의 가치는 여기에서 그치지 않는다. 미 공군으로부터 투자를 받은 스타트업은 그 자체로 기술력을 인정받은 기업으로서 공군과 더 많은 계약을 체결할 가능성이 커진다. 이미 미 공군은 민간 벤처 투자자들보다 더 매력적인 투자자가 되겠다며 민간 투자자들과의 경쟁을 선언하기도 했다.

이를 증명하듯 윌 로퍼 미 공군 차관보는 공군이 앞장서서 필요한 상업 기술을 개발하는 스타트업을 지원해 벤처 투자자들의 후속 지원을 이끌어내겠다고 약속했다. 스타트업 대표가 차례로 미 공군이 발행한 수표를 들고 행사장을 나오면 그 행사에 참석한 액셀러레이터(창업 초기 기업이 빨리 성장 궤도에 오를 수 있도록 자금과 멘토링 지원을 하는 프로그램이나 단체), 벤처 투자자들과 많은 기업 대표들 또한 새로운 투자처를 찾았다는 기대감에 눈이 반짝거렸다. 이러한 행사는 군이 필요로 하는 첨단 기술을 찾을 수 있는 시간일 뿐 아니라, 군이 인정한 스타트업의 기술에 민간 투자가 이어질 기회의 장이기도 했다. 미 국방부가 투자하는 스타트업이니만큼 보다 안전한 투자처라고 인식하는 것이다.

최근 미 국방부와 군이 앞다퉈 실리콘밸리의 스타트업에 투자

우주산업의 로켓에 올라타라

미 공군이 투자한 스타트업

기업	이력
오빗 팹 Orbit Fab	우주 최초의 궤도 주유소 건설 통해 위성 연료 재공급
루시드 서킷 Lucid Circuit	소형 인공위성용 인공지능 칩 개발
카펠라 스페이스 Capella Space	악천후에도 선명한 위성 사진을 찍을 수 있는 SARSynthetic Aperture Radar 위성 발사 및 운용
론처 Launcher	3D 프린팅으로 소형 로켓 엔진 제작
옵티볼트 랩스 Optivolt Labs	미 공군 우주 통신에 활용할 수 있는 운반 가능한 태양광 에너지 시스템 개발

출처: 매일경제, Space News

하기 위한 다양한 행사와 프로그램을 추진하는 이유는 과거와 같은 정부와 군 주도의 방식으로는 중국과의 기술 경쟁에서 우위를 점하기 어렵다는 현실적인 판단에 따른 것이다. 신속하고 유연한 방식을 통해 얻은 스타트업의 기술을 확보해야만 지·해상 및 공중을 넘어 우주와 사이버 영역까지 포함한 다영역multi-domain에서 활용할 수 있는 기술과 혁신적인 무기 체계를 획득할 수 있기 때문이다.

전 세계적으로 코로나19로 위축된 경제 상황에서 최근 스페이스X라는 민간 기업이 이뤄낸 놀라운 기술적, 경제적 성과는 스타트업에 대한 평가를 새롭게 하고 있다. 그리고 이에 맞춰 미 행정부와 군의 혁신적인 투자는 미국의 우주항공 및 방위산업 분야에 대한 민간 벤처 투자를 끌어 내고 있다. 정부와 대기업 위주로 내수 시

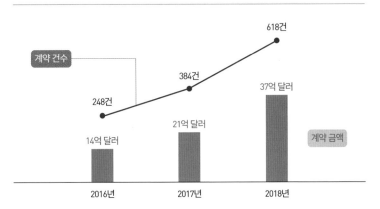

미 국방부와 혁신 스타트업의 협업 증가 현황

계약 건수

618건

384건

248건

37억 달러

21억 달러

14억 달러

계약 금액

2016년   2017년   2018년

출처: 미 의회 회계감사국

장만을 바라보고 있는 국내 우주항공 및 방위산업과 사뭇 대조적인 모습이다.

02

파괴적 혁신과
민간 우주산업의 부상

뉴 스페이스 시대의
세 가지 특징

2020년 6월, '서울포럼 2020' 프로그램의 일부로 제2회 서경 우주
포럼이 진행됐다. 이 행사에서 기조 강연자로 나선 우주 스타트업
애스트로보틱Astrobotic의 댄 헨드릭슨 부사장은 올드 스페이스와 뉴
스페이스의 차이에 대해 "그동안의 우주 탐사는 미국이나 러시아처
럼 국가가 주도하던 '올드 스페이스Old Space'였지만 미래는 다릅니
다. 우리와 같은 민간 기업이 적극적으로 우주에 뛰어드는 '뉴 스페
이스New Space'가 주류가 될 것입니다"라고 말했다.[3]

2019년 개최된 '코리아 스페이스 포럼'에서는 올드 스페이스 시대에는 우주 선진국들이 군사 목적이나 과학 지식, 국가 위상 제고와 같은 국가적 차원의 목표를 위해 오랜 시간과 큰 비용을 투자했다면, 이제는 민간 기업들이 주축이 돼 초고속 인터넷이나 우주여행과 같은 상업적 목표를 추구하는 새로운 우주개발 방식이 등장했음을 알렸다.

이러한 정의들은 모두 일리가 있다. 그러나 현재 진행형인 우주개발의 패러다임 변화는 기술혁신, 새로운 비즈니스 창출 및 군사 분야의 경쟁 등의 다양한 이슈가 중첩되고 복합적으로 얽혀있어 어느 한 영역만으로 설명되기 어렵다. 뉴 스페이스로 일컬어지는 우주항공 및 방위산업 분야에서는 안보와 경제 그리고 기술적 영역을 독립적으로 바라보기보다는, 융합되고 상호연결되면서 진화하는 개념으로 이해할 필요가 있다. 이러한 의미에서 현재 진행형인 뉴 스페이스 시대의 특징은 크게 세 가지로 압축된다.

첫째, 행위자 측면에서 정부와 군 외에 다양한 민간 플레이어가 활동한다는 점이다. 정부, 군, 대기업만이 주도하는 시대의 한계가 도래하면서 민간, 특히 스페이스X와 같은 스타트업, 액셀러레이터 및 벤처 투자자 등 새로운 참여자의 역할이 증가할 수 있는 토대가 형성됐다. 첨단 과학기술은 정부나 군 그리고 덩치가 커져 유연하고 신속하게 움직이기 어려운 소수의 대기업이 주도하기에는 너무나 광범위한 영역에서 촌각을 다투며 발전하고 있기에, 새로운 플레이어의 참여가 가능한 일이기도 하다.

우주산업의 로켓에 올라타라

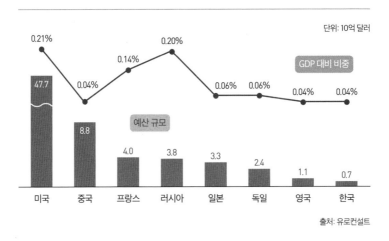

세계 각국의 우주 분야 투자 예산

단위: 10억 달러

GDP 대비 비중

예산 규모

	미국	중국	프랑스	러시아	일본	독일	영국	한국
GDP 대비 비중	0.21%	0.04%	0.14%	0.20%	0.06%	0.06%	0.04%	0.04%
예산 규모	47.7	8.8	4.0	3.8	3.3	2.4	1.1	0.7

출처: 유로컨설트

2019년 미 공군이 개최한 우주 피치데이와 같은 새로운 이니셔티브를 통해 자연스럽게 정부와 군이 우주 기술을 연구·개발하는 스타트업에 투자할 가능성이 커지면서 민간에서도 이러한 투자의 기회에 눈뜨고 있다. 최근의 관심을 증명하듯 모건스탠리는 향후 우주항공산업이 IT 분야 등 다른 기술 분야와 융합 및 확대되면서 2040년에는 그 규모가 1조 달러를 훨씬 넘어설 것으로 전망하고 있다.[4] 2021년 대한민국 정부 예산안이 약 558조 원 규모임을 고려하면 2배에 가까운 금액이 글로벌 우주항공 및 방위산업 분야에 집중되고 있는 것이다.

둘째, 기술적 측면에서 뛰어난 기술력을 바탕으로 비용 절감을 실현한다는 점이다. 2002년에 설립된 스타트업인 스페이스X가 20년도 되지 않는 짧은 시간 내에 록히드마틴, 보잉, 노스럽 그루먼,

레이시온 등 오랜 역사를 지닌 거대 방산 기업들과의 경쟁에서 이들과 대등하거나 오히려 이들을 압도하면서 전 세계 군사력 1위인 미군의 파트너가 될 수 있었던 이유다. 스페이스X와 같은 스타트업이 우주발사체와 위성을 개발하고 운용할 수 있게 되면서, 국가가 주도하는 우주개발보다 비용적인 측면에서 훨씬 효율적인 대안을 제시할 수 있게 된 것이다.

우주의 상업적 이용이 가능해진 가장 중요한 계기는 지구의 중력을 벗어나기 위한 로켓이 경제성을 갖게 되면서부터다. 규모의 경제 창출을 통해 우주를 서비스가 가능한 영역으로 만들기 위해서는 kg당 발사 비용을 낮추는 것이 가장 중요하다. 1970년에서 2000년 사이 1kg을 우주로 발사하기 위해서는 평균적으로 약 1만 8,500달러(약 2,100만 원)가 필요했다. 이에 비해 2019년 기준 스페이스X의 팰컨Falcon 9호의 경우 국제우주정거장에 접근하기 위한 로켓 발사 시 1kg에 약 5,000달러(약 575만 원)가 소요된다. 현재까지 상용시장에서 kg당 5,000달러라는 가격을 제시할 수 있는 발사체로는 스페이스X의 팰컨 9호가 유일하다.[5]

이러한 혁신의 배경에는 꾸준한 연구·개발과 문제해결을 위한 도전이 있다. 우수한 민간 기술을 국방에 적용하기 위한 노력의 하나로 2016년에 편성된 미 국방부 예하 국방혁신단Defense Innovation Unit, DIU이 발표한 한 보고서에 따르면, 미 국방부가 실리콘밸리로 갈 수밖에 없는 이유와 함께 스페이스X와 같은 기술 스타트업에서 혁신적인 기술 개발이 가능하게 된 배경의 실마리를 찾을 수 있다.

미국 정부와 민간 기업의 연구·개발비 격차

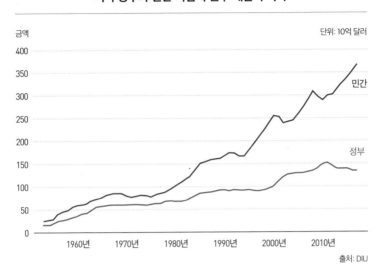

금액

단위: 10억 달러

출처: DIU

테크 기업과 전통 방위산업체 연구·개발비 격차

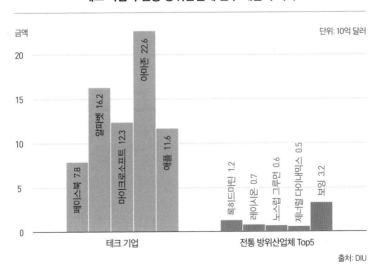

금액

단위: 10억 달러

출처: DIU

또한 뉴 스페이스는 4차 산업혁명의 전개와 궤를 같이한다. 4차 산업혁명의 다양한 기술적 진보는 신뢰할 수 있는 글로벌 위성 항법 시스템(인공위성을 이용해 지구 전역에서 움직이는 물체의 위치, 고도, 속도를 계산하는 시스템)과 통신 위성 등 우주 기술의 도움이 필수적이다. 이러한 우주 기반 기술은 인공지능, 사물 인터넷, 자율주행, 드론 등과 융합돼 새로운 제품과 서비스를 제공함으로써 기존과는 다른 새로운 가치를 창출하고 있다. 예를 들어 3D 프린팅, 빅데이터, 인공지능 등 혁신 기술은 인공위성 제작과 운영 및 활용에 도움을 주기도 한다. 이렇듯 우주 기반 기술은 4차 산업혁명의 중요한 토대를 이루고 있으며, 동시에 4차 산업혁명의 기술적 성과들을 흡수하면서 빠르게 발전하고 있다. 이를 통해 새로운 시장 창출에 이어 재사용 발사체, 군집 소형 위성군을 기반으로 한 서비스 등 새로운 우주 비즈니스 모델이 생겨나고 있다.

셋째, 지정학적 측면에서 미국은 스타트업을 포함한 다양한 파트너, 즉 미국 내 다양한 대학교, 기업 및 연구소뿐만 아니라 영국, 일본 등을 포함한 동맹국들과 우주 분야에서의 더 적극적인 민·관·군·산·학·연 협력을 추진하기 시작했다는 점이다. 이러한 미국의 행보는 2019년부터 급격하게 심화되고 있는 미국과 중국 간의 경쟁이 우주까지 확장될 가능성을 시사한다. 동시에 미국이 과거 냉전 시대 소련을 대상으로 했던 우주 경쟁이 21세기에는 중국으로 그 대상이 바뀌어 재현될 것임을 상정하고 이에 대비하고 있음을 의미한다.

우주산업의 로켓에 올라타라

우주 강국을 향한
미국과 중국의 꿈

●

오늘날 미·중 경쟁의 근원은 중국의 급속한 국력 신장에 있다. 중국은 2010년 국내총생산이 일본을 추월해 세계 2위 경제 대국이 됐고, 2030년에는 미국도 추월해 명실상부 세계 1위의 경제 대국이 될 전망이다. 군사기술 면에서 미국이 여전히 우위를 차지하고 있으나 중국의 빠른 군사 현대화, 군의 개혁, 군사전략의 변화 및 군사비 증가 등으로 미·중 간 군사력 격차는 빠르게 줄어들 것으로 보인다.[6]

20세기 내내 압도적인 경제력 우위와 최강의 군사력으로 세계 패권을 지켰던 미국은 중국의 부상과 도전에 큰 충격을 받았다. 최근 시진핑 정권의 권위주의 체제 강화와 팽창적인 일대일로一帶一路 구상은 마침내 중국에 대한 미국의 본격적인 견제를 촉발했다. 일대일로는 중국을 중심으로 아시아, 아프리카, 유럽을 육상·해상으로 연결해 다양한 분야의 협력을 추진하는 프로젝트로 2021년 현재 전세계 140개국과 양해각서를 체결한 것으로 알려져 있다.

중국의 경제력과 이를 바탕으로 더 가속화되고 있는 군사력을 의식한 미국의 태도를 가장 잘 보여주는 첫 사례가 2017년 말 발간된 트럼프 행정부의 〈국가안보전략 보고서National Security Strategy of the United States of America〉다. 중국을 '전략적 경쟁자'로 지목하고 본격적인 미·중 전략 경쟁을 선언한 것이다. 이는 미국이 군사, 경제, 체제, 가치 그리고 기술 등 전 영역에서 중국과 경쟁하고 견제하기 시작했음을 의미한다. 실리콘밸리에서 미 공군이 스타트업과 손을 잡은 데에는 단순히 민간의 기술 개발 속도가 빨라진 것 외에도 이러한 지정학적 위기감이 자리하고 있다.

2018년 6월 도널드 트럼프 미국 대통령은 백악관에서 열린 미국 국가우주위원회 회의에서 "미국이 단순히 우주에 존재하는 것으로는 충분하지 않다"라며 "우주에서도 우월한 위치를 점하는 '우주 지배력'을 가져야 한다"라고 공개적으로 강조했다.[7] 이러한 연장선에서 미국은 우주산업을 육성하기 위해 민간 부문으로의 기술이전 및 민관협력을 적극적으로 추진함과 동시에 기술적 우위를 유지하고자 다양한 노력을 전개하고 있다.

중국은 미국의 우주 지배력에 도전하기 위해 핵심적인 우주 기술 분야에서 독자적인 기술력을 확보하려 노력하고 있으며, 기존의 국가 주도적 노력뿐만 아니라 방위산업 육성을 위한 이른바 민군융합民軍融合 정책 추진을 통해 민간 부문의 참여를 독려하고 있다.[8] 동시에 미국과 중국 모두 자국의 동맹국 혹은 우호적인 국가에 우주 기반 서비스를 일부 제공함으로써 우주를 외교적 도구로도 적극적으로 활용하고 있다.

선진국뿐만 아니라 많은 개발도상국 역시 우주로 진출하기 위한 국가적 노력을 치열하게 전개하고 있다. 이러한 후발주자들의 도전에 대해 미국, 중국, 러시아, 유럽, 일본 등 우주공간을 선점했던 우주 강국들은 좁혀지는 격차를 유지하고 또 확대하기 위해 노력하는 모습이다. 동시에 비국가 행위자인 민간 기업, 대학, 연구소, 개인

우주산업의 로켓에 올라타라

역시 우주 경쟁에 동참함으로써 우주공간의 지형도를 더욱 복잡하게 만들고 있다.[9]

이러한 특성들을 종합해보면 뉴 스페이스는 미국과 중국, 두 강대국 간 경쟁이라는 지정학적 요인의 부활과 함께, 스페이스X와 같은 민간 기업들의 기술 개발로 인해 우주의 군사화와 상업화라는 두 가지 축을 중심으로 빌진하고 있다. 특히 4차 산업혁명 기술과의 융합으로 이러한 변화는 더욱 가속화될 전망이다. 이렇듯 다층적이고 복합적인 요인들이 우주항공 및 방위산업의 패러다임을 변화시키고 있는 것이다.

03

NASA처럼
생각하지 않는 법

NASA, 우주를 향한
도전의 시작

●

우주에 대한 인류의 도전을 이야기할 때 NASA를 빼놓을 수 없다. 창설 이래 NASA는 항상 혁신의 아이콘이었다. 우주에 대해 잘 알지 못하는 사람들, 또는 일상생활과는 너무 멀게 느껴져 평소 관심이 없던 사람들에게도 인간이 최초로 우주라는 공간에 발을 내디딘 달 착륙 장면은 인류의 도전정신에 대한 감탄과 가슴 뭉클한 감동을 동시에 안겨 줬다. 특히 젊은이들에게 미지의 세계에 도전하라는 메시지와 함께 큰 용기를 줬고, 실제로 많은 과학 인재들이 우주라는 미개척 분야에 도전하고 혁신을 통해 성장하기 위해 NASA로 향하는 계기가 됐다.

NASA는 그 조직의 태생적 혁신성뿐만 아니라 성과에서도 혁신적인 제품과 기술을 개발해왔다. 우주 분야에서 인류의 성장은 냉전 시대 미국과 소련 간의 치열한 경쟁이 가져온 결과지만, 그 과정은 '왜(Why)'나 '어떻게 될까(What if)'라는 질문을 통해 미래를 개척해나가는 도전정신을 바탕으로 가능했다. 척박한 우주 환경은 언제나 두려움과 의구심의 대상이었지만, 도전적이고 혁신적인 마인드가 필요할 때마다 NASA가 그 중심에 있었다고 해도 과언이 아니다.

1957년 10월 4일 소련이 최초로 인공위성 스푸트니크 1호 발사에 성공했다. 이는 소련이 기술적으로 세계 최초로 인공위성을 쏘아 올리는 데 성공했을 뿐만 아니라, 대륙을 뛰어넘을 수 있는 로켓 기술을 보유하면서 핵탄두를 탑재한 미사일로 미국 본토를 공격할 수 있는 역량을 갖췄다는 것을 의미했다. 냉전 시대 소련에 희망과 용기를 준 스푸트니크 발사 성공은 반대로 미국에게는 엄청난 충격을 안겨 줬다. 이에 미국은 대대적인 대책을 모색한다. 이때 나온 대응책의 핵심이 우주개발이라는 명분과 과학기술계의 역량 결집이라는 명목을 내세워, 군이 아닌 민간 주도로 1958년 10월에 설립한 NASA였다.

소련이 1961년 인류 최초로 우주 비행에 성공한 우주 비행사 유리 가가린Yurii Gagarin을 지구 궤도에 보내자 NASA는 소련을 넘어서는 우주 역량을 개발하기 위해 1970년 이전에 우주인을 달에 보낸다는 미션을 공식적인 목표로 내걸었다. 1961년 5월 당시 케네디 대통령은 의회에서 "미국은 60년대가 끝나기 전에 인간을 달에 보내 무사히 귀환시켜야 합니다. 다른 어떠한 우주 계획도 인류에게 이보다 강렬한 인상을 심어줄 수 없다고 확신합니다. 이는 또한 장기적인 우주 탐사 계획에 중요한 전환점이 될 것이며, 우리는 이를 위해 온갖 어려움과 막대한 비용을 감수할 것입니다"라는 유명한 연설을 한다. 이처럼 NASA의 미션은 우주개발과 함께 당시 미국의 생존을 위협할 수 있는 위기를 극복하기 위해 소련의 군사력과 과학기술력을 넘어서는 우주력을 갖추는 것이었다.

국가의 전폭적인 지원으로 NASA는 1969년 7월 아폴로 11호를 통해 세계 최초로 우주인을 달에 착륙시키는 아폴로 계획을 완수한다. 1966년 NASA의 예산은 연방정부 예산의 4.41%, GDP의 0.75%를 차지했으며, 최대 투입 인원 또한 41만 명에 육박했다. 전체 아폴로 계획에 투입된 예산은 총 250억 달러(약 29조 원)에 달했으며, 아폴로 계획은 실패한 우주선 2개(아폴로 1호, 13호), 사망자 3명(아폴로 1호)에 불과한 대성공을 달성하며 1972년에 17호 발사를 마지막으로 조기 종료됐다(원래는 20호까지 계획돼 있었다).

이러한 NASA의 혁신적인 노력을 잘 보여준 영화 중 하나가 바로 실화를 바탕으로 한 〈히든 피겨스Hidden Figures〉다. 영화는 냉전 시대 미국과 소련 간의 우주 탐사 경쟁에 있어 숨겨진 영웅들을 그리고 있다. 우주를 둘러싼 미·소 경쟁이 뜨거웠던 만큼, 사회적으로는 흑인에 대한 차별이 극심했던 시대적 배경 속에서 뛰어난 실력으로 우주 분야에 기여하고자 했던 흑인 여성 3명이 영화의 주인공이다.

영화는 당시 흑인과 여성에 대한 대우가 어땠는지 보여주는 장면으로부터 시작한다. 거리를 걸을 때도, 화장실을 갈 때도, 심지어 책을 빌릴 때도 유색인종에 대한 차별은 NASA에서 일하는 주인공들에게조차 예외가 아니었다. 그들이 사회적 편견과 암담한 현실 속에도 오직 실력과 노력으로 꿈을 이뤄가는 과정에서, 사회적으로 가장 약자였던 흑인 여성에게도 실력이 있다면 기회의 창을 열어주고자 했던 NASA의 혁신성이 돋보였다.

많은 장면과 대사들 가운데 NASA의 혁신적인 마인드를 가장 잘 보여준 대사를 꼽으라면 "NASA에선 모두가 같은 색의 소변을 본다 Here at NASA, we all pee the same color"라는 말이다. 바로 NASA에서 미국 최초의 유인 우주 비행계획인 '머큐리 프로젝트Mercury Project'와 달 착륙 프로그램인 '아폴로 계획'에 참여해 NASA의 우주개발 초창기를 이끈 선구자 중 한 명으로 손꼽히는 수학자 캐서린 존슨Katherine Johnson의 이야기다.

당시에는 유색인종 화장실이 별도로 지정돼 있었고 건물마다 설치돼 있지도 않았던 시기여서, 존슨은 화장실을 이용하기 위해서 매번 길 건너 800m 떨어진 다른 건물까지 가야만 했다. 하루 몇 번씩이나 NASA에서 정한 근무 복장인 하이힐에 스커트를 입고 화장실을 다녀와야 했던 존슨을 발견한 NASA 우주 탐사 총괄 책임자는 유색인종 화장실 표지판을 부수면서 이렇게 말한다. "NASA에선 모두가 같은 색의 소변을 본다."

1960년대 NASA에서 일하던 당시의 캐서린 존슨.

이러한 혁신성과 헌신성을 바탕으로 NASA가 사회에 미친 경제적 효과는 지대했다. NASA에 따르면 지난 100년 동안(1915~2015년) NASA의 연간 예산은 185억 달러(약 21조 원) 수준인 데 반해, 경기 부양 효과는 1,230~2,460억 달러(약 141조~283조 원)로 추정했다. NASA에 1달러씩 투자할 때마다 7~14달러의 경기 부양 효과가 발생한다는 것이다.

민간에 이전된 NASA의 주요 50개 기술을 기반으로 연간 1,600여 개의 새로운 제품이 개발됐으며(2012년 기준), 이전된 기술당 연간 100만 달러의 매출이 창출되는 것으로 나타났다. 또한 소프트웨어 사용계약, 특허(지식재산권) 라이선스, 산업계 기술이전 계약등 매해 약 2,000건의 기술이전이 이뤄지고 있다.

우주산업의 로켓에 올라타라

NASA는 기술 확산을 위해 주로 네 가지 방법을 사용했다. 첫째, NASA가 개발한 기술, 관련 특허를 상업용으로 판매한다. 둘째, NASA가 기존 기술을 발전시켜 산업 성장을 돕는다. 셋째, NASA가 기업과 계약을 맺고 필요한 기술을 공동 개발한다. 넷째, NASA 연구원들이 민간 전문가들과 상업용 기술을 개발한다.[10]

이러한 기술 확산을 통해 우리 생활에서 많이 쓰이는 정수 필터, 무선 청소기, 메모리폼, 에어쿠션 운동화, 핸드폰용 카메라, 공기정화기, 귀 체온계, 인공심장, 라식수술, 투명 세라믹, 냉동 건조식품 등 수많은 제품이 탄생할 수 있었다. NASA에서 개발한 기술이 이렇게 민간 분야에서 큰 파급효과를 낼 수 있었던 이유는 군이 아닌 민간 주도로 조직을 구성했다는 점, 그리고 출범 4년 후인 1962년에 기술활용 계획Technology Utilization Plan, TUP을 수립하고, 다양한 방식으로 기술의 상업적 활용을 지원했기 때문일 것이다.

느슨하게
풀러버리다

•

흑인 여성까지 능력이 있다면 우주개발에 참여할 수 있었던 과거 NASA의 도전, 혁신 그리고 의지는 미국과 소련 간의 우주 경쟁이 느슨해지면서 점점 무뎌졌다. 미국이 먼저 달에 인류를 보낸다는 미션을 달성하고 우주 기술(로켓 등 제반 미사일 기술)에서 소련을 압도하게 되면서 NASA의 목표는 군사적 성격에서 순수 민간 우주과학

연구(화성 등 심우주 탐사, 우주망원경 개발) 중심으로 변하고, 조직 축소의 길을 걷게 된다. 이는 소련의 유인 달 탐사 계획 포기와 우주정거장 계획으로의 전환과 함께, 이후 소련의 붕괴로 인해 그동안 대외 정치적 측면에서 큰 역할을 차지하던 NASA의 임무가 국가의 절박한 목표에서 멀어졌기 때문이기도 했다.

국민의 공감대를 얻기 힘들어진 만큼 우주개발에 필요한 예산을 확보하는 일도 점점 어려워졌다. 그러한 과정에서 NASA는 더 이상 우주를 향해 도전하는 모습을 유지하기 어려웠다. 더욱이 이미 덩치가 커져 조직을 유지하는 데 급급한 관료주의가 만연해지면서 우주를 꿈꾸던 인재들 또한 하나둘 떠났다.

과거 가장 선호하는 직장이었던 NASA나 국방부, 국가안보국 National Security Agency, NSA과 같은 기관들은 점점 혁신과 도전이라는 단어와 거리가 멀어졌다. 조직이 방대해지는 반면 개별 업무는 세분화되면서 더는 개인이 리스크를 감수하면서까지 도전하는 경우를 찾아보기 어려워졌다.

그때 인재들이 향한 곳이 바로 실리콘밸리다. 과거 과학 인재들이 꿈꾸던 직장이 NASA였다면 현재는 그러한 인재들이 실리콘밸리로 와 창업을 하고 있다. 한때 NASA는 정부 관료주의를 초월한 파격적 조직이었던 것처럼 이제는 스페이스X가 스타트업이라는 한계를 초월해 도전과 혁신의 상징이 되는 것이다.

2020년 9월 출간된 《Space Is Open for Business(우주의 상업화)》의 저자 로버트 제이컵슨Robert Jacobson은 NASA에서 실리콘밸리의

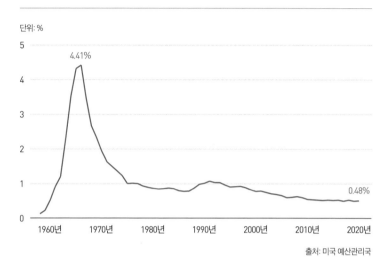

미 연방정부 예산 대비 NASA 예산 비중

단위: %

4.41%

0.48%

1960년 1970년 1980년 1990년 2000년 2010년 2020년

출처: 미국 예산관리국

스타트업으로 우주산업의 축이 옮겨온 이유에 대해 "우리가 왜 우주로 가야 하는지에 대한 국가적인 차원에서의 토론이나 합의가 전혀 없었기 때문이다. NASA는 혁신적인 성과에도 불구하고 존재 목적이 불분명했다"라고 말했다. 실제로 NASA의 예산은 1966년 미국 정부 예산의 4.4% 수준이었으나 2019년에는 0.4% 수준으로 떨어졌다. 달 탐사 계획으로 2020년에는 15억 달러가 증액됐음에도 여전히 0.4%대를 유지 중이다.

NASA의 위상과는 관계없이 우주항공 분야는 다시 한번 전성기를 맞이하고 있다. 그리고 뉴 스페이스 시대의 성공 방식은 아이러니하게도 기존 NASA의 방식과는 반대로 생각하고 일하는 데서 출발한다.

다시
혁신으로

●

그럼에도 불구하고 뉴 스페이스 시대 NASA의 역할은 절대로 적지 않다. 시대가 변하고 기술이 진보함에 따라 NASA는 그동안 NASA가 하지 않았던 모험을 다른 곳에서 시도했다. 바로 스페이스X와 같은 스타트업과 협력하는 것이 그 시작이었다. 스페이스X가 사업 초기, 발사에 거듭 실패하며 파산에 직면했을 때 일론 머스크는 NASA의 16억 달러 공공 발주 계약을 통해 회생할 수 있었다.[11]

실제로 실패를 용인하고 높은 리스크를 감수하는 스타트업의 문화는 NASA와 같은 공공 부문에서 먼저 시작된 것이다. NASA는 다시 스스로 'NASA처럼 생각하지 않는 법'을 배워나갔다. 리스크를 무릅쓰고 새로운 도전을 함께 할 파트너를 선택한 자체가 기존의 NASA처럼 생각하지 않는 방식을 추구한 것이기 때문이다. 이러한 과정의 이면에는 최근 들어 NASA를 주축으로 한 정부 주도의 우주개발이 줄어들고 스페이스X, 블루오리진Blue Origin, 버진갤럭틱Virgin Galactic 등 민간 기업을 중심으로 우주 화물선, 우주 여객선 개발 경쟁이 본격화되면서 우주개발이 점차 민관 경쟁 및 협력 체제로 바뀌는 흐름이 있다.

스페이스X와 같은 스타트업과 손잡을 결심을 한 자체가 NASA의 입장에서는 뼈를 깎는 아픔과도 같은 혁신이었을 것이다. 큰 용기가 필요한 일이기도 했다. NASA가 그동안 성공적으로 진행해왔

NASA는 1972년 종료된 아폴로 프로그램 이후 처음으로 달 표면에 우주 비행사를 착륙시키기 위해 스페이스X의 스타십을 선택했다.

던 우주 분야의 개발 방식이 더는 시대를 따라가기 어렵다는 것을 공식적으로 인정하고, 그동안 협력을 하지 않았던 스타트업과 함께 일하는 방식을 배워나가는 과정은 절대 쉽지 않았을 것이기 때문이다. 다행히도 이러한 NASA의 뼈를 깎는 노력과 혁신에 스페이스X와 같은 스타트업은 결과로 보답했다.

1961년 소련의 세계 최초 유인 우주선 보스토크Vostok 1호 이후 미국, 러시아, 중국 등 세 나라가 모두 여덟 차례 유인 우주선 발사에 성공했으나, 이 중에서 민간 기업이 주도한 경우는 스페이스X가 처음이다. 크루 드래건에 탄 우주 비행사 2명은 모두 NASA 소속이지만 스페이스X가 개발, 발사, 운영을 포함한 모든 과정을 도맡았다.

뉴 스페이스는 머스크와 같은 한두 명의 혁신가에 의해서만 이뤄질 수 없다. 혁신이 실현될 수 있는 기회의 제공 및 과감한 투자가 필수적이다. 뉴 스페이스 시대에 NASA와 같은 공공 기관의 역할은 잘 알려지지 않고 시도해보지 않은 영역에 있어서 도전해야 하는 가치를 부여하는 일이다. 그 가치를 설명하고 설득하며, 불가능해 보이는 영역을 가능하게 만드는 것이야말로 뉴 스페이스 시대를 견인하기 위해 꼭 필요한 역할이다. 아무도 성공을 기대하지 않는 분야였음에도, 단지 가능성을 보고 투자할 수 있었던 용기는 NASA가 여전히 혁신의 아이콘으로 남을 수 있는 가장 큰 이유일 것이다.

우주산업의 로켓에 올라타라

2부

✳

골리앗과 다윗,
자리를 바꾸다

01

국방과 스타트업,
창의적인 만남

DIUx가 실리콘밸리에
사무실을 둔 이유

●

2018년 11월, 미국 국방전략자문위원회National Defense Strategy Commision는 미국의 군사력 수준은 앞으로 중국 또는 러시아를 상대로 전쟁을 수행한다면 가까스로 승리하거나 아니면 패배할 수도 있다고 평가했다. 특히 미국이 미래 기술혁신 경쟁에서 중국, 러시아에 뒤처질 수 있다고 지적하면서 이미 양자컴퓨팅, 인공지능, 극초음속 유도무기 분야에서 현실로 나타나고 있다고 경고한 바 있다.[1]

따라서 미국은 중국의 급속한 기술 발전 속도를 고려해 미래 전장에서 승리하기 위해 기술혁신에 목숨을 걸어야 하는 상황이다. 미래의 전장은 전통적인 지·해상 및 공중의 물리적인 영역뿐만 아니라 사이버, 우주 및 인지적 요소와 같은 새로운 비물리적 영역을 포함하는 개념으로 첨단 기술의 중요성이 더욱 커질 수밖에 없기 때문이다.

미 국방부는 이러한 기술혁신의 아이디어가 새로운 4차 산업혁명 기술을 가진 스타트업에서 나온다고 결론지었다. 이에 따라 흔히 떠올리는 미래 먹거리 창출이나 일자리 확대를 위한 통상적인 스타트업 육성이 아니라, 21세기 전장에서 군사기술적 우위를 확보하기 위해 필사적으로 스타트업을 우주항공 및 방위산업 분야에 끌어들이고 있다. 나아가 미 국방부는 실리콘밸리를 비롯한 미국 전역에 스타트업과 유사한 조직을 만들기에 이르렀다.

2015년 2월부터 2017년 1월까지 미국 국방부 장관직을 지낸 애슈턴 카터Ashton Baldwin Carter는 그 전에 하버드대학교와 MIT에서 물리학 및 정책, 전략을 연구하는 학자이자 교수였다. 더불어 관련한 기술을 종합적으로 이해하고 있는 리더이기도 했다. 정책과 전략 그리고 기술의 용어는 군과 스타트업에서 쓰는 용어의 차이만큼이나 그 격차가 크다. 이를 잘 이해하고 있던 그는 장관으로 취임한 직후부터 실리콘밸리를 비롯한 미국 전역에 걸쳐 미 국방부의 전초기지를 설립하는 계획을 고민했다고 표현한 바 있다.

2000년 그가 쓴 〈Keeping the Edge: Managing Defense for the Future(기술적 우위 유지: 미래를 위한 국방)〉라는 글을 보면, 민간의 상용기술 발전 속도가 곧 국방부 연구소의 기술 개발 속도를 뛰어넘

우주산업의 로켓에 올라타라

DIUx는 카터 장관의 아이디어였다. 그는 DIUx를 실리콘 밸리의 중심부에 배치하는 것이 중요하다고 생각했다. 프로젝트에 스타트업을 활용하고 싶었기 때문이다. 국가 안보 문제를 해결하기 위해 민간 기업과 협력하는 미 국방부 조직인 DIUx는 상용 기술을 채택하기 위한 국방부의 접근 방식 자체를 획기적으로 개선했다.

을 것이라 예견하면서 미국의 국가이익을 유지하기 위해 군은 민간과 새로운 형태의 협력을 구축할 필요성이 있다고 역설했다.[2]

실제로 2015년 2월 카터 장관은 취임과 동시에 첨단 과학기술 분야의 전략적 우위 선점을 미 국방부의 우선순위로 설정했다. 취임한 지 두 달 후 그는 스탠퍼드대학교 연설을 통해 국방혁신실험 사업단Defense Innovation Unit Experimental, DIUx 설립을 선언했고, 이는 약 20년 만에 미 국방부 장관이 실리콘밸리를 방문한 기록으로 남았다. 그리고 그해 8월, 'DIUx 프로그램'이 시작됐다.

DIUx의 본사는 미 공군과 NASA의 연구소가 위치한 캘리포니아 마운틴 뷰에 있다. 지금은 구글이 있는 곳이기도 하다. 처음 DIUx는 기존의 미 공군 예비군이 사용하던 건물에서 군인, 민간인 그리고 계약직 직원을 모두 포함해서 40여 명 남짓으로 시작했다.

당시 카터 장관의 머릿속에 실리콘밸리에 이러한 사무실을 배치하는 것은 두 가지 측면에서 매우 중요했다. 첫째, 실리콘밸리에 있는 과거 미 정부, 특히 국방부와 일하지 않았던 스타트업과 기업들이 국가안보와 관련된 일을 함께할 수 있도록 하기 위함이었고, 두 번째는 예산 측면에서 미 국방부가 연구·개발 비용을 지급하지 않아도 이미 기술 스타트업과 기업들이 연구를 진행하고 있는 기술을 활용할 수 있기 때문이었다. 나아가 DIUx는 기술 획득을 위한 별도의 비용을 지급할 필요 없이 각 군의 예산으로 전력화를 할 수 있을 것으로 생각했다.

실패를
인정하다

•

카터 장관의 적극적인 지원에도 불구하고 창설 첫해 DIUx의 역할은 그리 눈에 띌 정도는 아니었다. 오히려 저조한 수준이었는데, 그 이유는 이러한 비전통적인 프로그램의 경우 기존과는 다른 방식으로 운영돼야 한다는 사실을 카터 장관이 인식하지 못했기 때문이다.

당시 카터 장관은 기존의 방위고등연구계획국Defense Advanced Research Projects Agency, DARPA * 프로그램 매니저 및 미 공군 연구소에서 책임자로 일했던 조지 두착George Duchak을 DIUx 책임자로 임명했는데 지휘 체계상 두착은 진행 사항을 획득·기술 및 군수차관에게 보

✤   DARPA는 미 국방부 소속으로 주로 국가안보를 위한 기술을 연구 및 개발하는 기관이다. 인터넷의 전신이라고 할 수 있는 알파넷ARPANET을 개발한 것으로 잘 알려져 있다.

우주산업의 로켓에 올라타라

고하게 돼 있었다. 그러나 당시 부차관보는 거대 방산 기업에서 일했던 프랭크 켄달Frank Kendall이 맡고 있었고, 그는 카터 장관의 이러한 DIUx와 스타트업과의 협업 자체에 회의적인 시각을 가지고 있던 인물이었다. 결국 미 국방부의 지휘 체계상 두착은 카터 장관으로부터 멀리 있었고, 그러한 보고 체계 속에서 아무리 혁신적인 아이디어도 빛을 잃을 수밖에 없는 구조적 한계에 직면한 것이다.

다행히도 뒤늦게 이러한 상황을 알게 된 카터 장관은 두 명의 특별보좌관을 임명한다. 한 명은 실리콘밸리의 창업가 토드 파크Todd Park로 헬스케어닷거브HealthCare.gov가 좌초되는 것을 막는 데 크게 기여했던 인물이고,✢ 또 다른 한 사람은 버락 오바마 미국 대통령을 설득해 행정부에 빅데이터를 활용하도록 한 실리콘밸리 출신의 디제이 파틸DJ Patil이다. 두 사람은 즉시 실리콘밸리로 날아가 DIUx가 가지고 있는 구조적 문제를 분석해 다음과 같은 네 가지 해결책을 제시했다.

첫째, DIUx는 매 회의를 마치면 당일 또는 수일 내에 결정을 내릴 수 있어야 한다. 둘째, 어떠한 사람도 혼자서는 DIUx를 운영할 수 있는 역량을 가지지 못하므로 4~5명의 리더로 리더십 조직을 구

✢ 오바마 대통령은 재임 기간에 일명 '오바마 케어'라고 불리는 보편적 건강보험 개혁법안을 통과시켰는데, 그때 사용한 온라인 건강보험 마켓플레이스가 바로 healthcare.gov다. 당시 오바마 행정부의 주요 과업 중 하나였지만, 서비스 출시 후 얼마 되지 않아 사이트가 다운되는 문제가 발생했다. 이때 토드 파크가 해당 문제를 해결함으로써 주목을 받았다.

성해 운영해야 한다. 각 리더는 조직 운영, 벤처 투자, 기술 그리고 미 국방이라는 분야에서 각자 전문성을 가지고 있어야 한다. 셋째, 리더들이 미 국방부 장관에게 직접 보고할 수 있는 체계 또는 적어도 신속하게 승인을 구할 수 있는 보고 체계를 갖춰야 한다. 넷째, 실리콘밸리에서 성공하기 위해서는 "실패도 괜찮다Failure is okay in the Valley"라는 신조를 인정해야 한다.

파크와 파틸은 가장 중요한 것은 빨리 실패할 수 있는 기회를 허락하는 것이며, 이는 국방 분야도 예외가 아니라는 점을 여러 차례 강조했다. 동시에 카터 장관에게 처음 시도된 DIUx 창설은 실패했다는 점을 인정하고, 다시 시작할 기회를 가져야 한다고 조언했다. 이는 미 국방부 장관이 임기 시작과 함께 야심 차게 시작했던 DIUx의 실패를 공식적으로 인정해야 한다는 뜻이었다. 당시는 물론, 지금도 쉽게 꺼내기 힘든 조언이었지만, 카터 장관은 과감히 이러한 조언을 받아들였다. 2016년 5월, 실리콘밸리로 가서 기존의 DIUx는 실패했음을 인정하고 이른바 'DIUx 2.0'의 시작을 발표했다. 그리고 새로운 리더십과 인원들을 소개하는 자리를 만들어 다시 한번 DIUx가 새롭게 시작될 기회를 마련했다.

민간과 정부의 연구·개발
격차 줄이기

•

최초 임시 조직인 TF의 형태였던 DIUx는 2018년 DIU(국방혁신단)

이라는 이름으로 미 국방부 예하의 정식기관으로 개편됐다.

2021년 7년 차에 접어든 DIU의 기본적인 목적은 빠른 속도로 발전하는 민간의 상용기술을 소요 군에 신속하게 도입함으로써 국가안보에 기여하는 데 있다. DIU의 임무는 육군, 해군, 공군, 해병대, 해안경비대 및 우주군 등 각 소요 군으로부터 통합전투사령부, 정보기관까지 안보적 위협에 대응할 수 있는 첨단 상용기술을 찾고 프로토타입 제작 및 필드에 실전 배치하는 단계까지 포함한다.

DIU의 존재 이유는 앞에서 이미 살펴본 바와 같이 미국 정부의 연구·개발 비용이 민간보다 현저히 낮은 수준이라는 데 있다. 즉, 민간에서 개발되는 기술의 발전 속도가 정부와 국방부 예하 연구·개발 기관에 비해 빠르고 그 범위가 점차 넓어지고 있기 때문에, 미 국방부가 민간 기술을 활용하는 것은 군사력과 직결되는 문제다. 이러한 배경하에 DIU의 중요성은 보다 커지고 있으며, 현재 민간 상용기술을 국방에 적용하기 위해 미국 및 동맹국들의 스타트업을 직접 찾고 투자하고 있다.

DIU는 현재 우주 분야를 비롯해 인공지능, 자율주행, 사이버, 유무인 시스템, 첨단 신소재 등 총 6대 기술 분야(이중 첨단 신소재 분야는 2021년에 편입)에 집중하고 있다. 2020년 기준 DIU는 전년 동기 대비 35% 증가한 23개의 새로운 프로젝트를 포함해, 현재까지 총 95개의 프로젝트를 수행하는 등 매우 적극적인 모습이다. 2020년 한 해에만 스타트업을 비롯한 민간 기업으로부터 944개의 제안서를 받았는데, 이는 2019년과 비교하면 52% 이상 증가한 양이다.

DIU가 집중하고 있는 6대 기술 분야의 특징은 크게 두 가지다. 첫째, 민간의 기술 발전 속도가 미 국방부 또는 정부의 연구·개발 속도를 앞지르고 있는 대표적인 분야다. 둘째, 중국과의 기술 경쟁에서 미국이 여전히 우세하다고 평가하기 어려운 분야다. 특히 2018년 DIU 총책임자 마이클 브라운Michael Brown은 〈중국의 기술 이전 전략China's Technology Transfer Strategy〉이라는 보고서를 통해 미국 첨단 기술에 접근하는 중국의 전략에 대해 경종을 울린 바 있다. 중국이 어떤 식으로 신기술 분야에 투자하며 미국의 가장 혁신적인 기술에 접근하고 있는지 살피고 이에 대비해야 한다는 것이 주 내용이다. 2018년 보고서가 발간된 당시 많은 정부 관계자와 군 리더들 사이에서 크게 회자되면서 다양한 대응책이 모색됐다.

브라운은 보고서를 통해 2015~2017년 중국의 스타트업 투자는 전체 투자 규모의 약 10~16% 수준으로 최근 7년간 큰 폭으로 성장했다고 분석했다. 중국이 투자하고 있는 기술은 인공지능, 자율주행, 증강현실 및 가상현실, 로봇, 블록체인 기술 등과 같이 미래 미국뿐만 아니라 세계 경제의 먹거리가 될 기술들이다. 동시에 이러한 민군 겸용 기술은 미래전에서의 승리를 위해 꼭 필요한 기술이기 때문에 중국의 추격에 대해 위기감을 느낀 미 국방부는 이에 대한 투자를 아끼지 않고 있다.

DIU는 이러한 민간 기술의 발전 속도와 중국의 기술이전 전략 등을 고려해 미국 내에서는 민간 및 다른 기관과의 협력을 강화하고 동맹국 및 우호국들과의 기술 협력을 지속해가고자 한다. 미국 국내의 민·관·군·산·학·연 협력과 함께 동맹국과의 기술 협력은 국가안보혁신베이스National Security Innovation Base, NSIB이라는 이름으로 더욱 확대될 것으로 예상되며, 이는 중국과 기술 경쟁을 해야 하는 미국의 입장에서 국가안보뿐만 아니라 경제에서도 필수적이라는 인식이 전제돼 있다. 한국의 기술 스타트업과 민간 기업들에 이같은 미국 국방 시장은 또 다른 큰 기회가 아닐 수 없다.

미 공군 조종사 출신으로 현재 DIU에서 인공지능 머신러닝 분야를 리드하고 있는 조너선 허긴스 예비역 소령은 이러한 측면에서 한·미 동맹을 기반으로 한국과 미국 간의 기술 협력에 대한 가능성을 크게 평가했는데 특히 한국의 강점으로 5/6G, 반도체 및 제조 부문을 꼽았다. 중국을 상대로 한 미국의 기술 경쟁에 있어 제조와 통신 분야의 기술 파트너로서 한국의 역할을 기대한다고 덧붙이기도 했다. 이러한 협력은 한·미 연합작전과 향후 전시작전통제권 전환을 고려한 상호 운용성 유지 측면에서, 기술이 진보하고 시스템이 복잡해질수록 더욱 중요해질 것이다. 나아가 경제적인 측면에서도 한국의 첨단 기술로 무장된 스타트업과 기업들이 미국의 우주항공 및 방위산업 시장에 진출할 기회로 삼을 수 있을 것이다.

한·미 기술 협력을 통한 파트너십 전략
① 드론 등 무인기

•

예컨대 드론 시장을 보자. 군사적으로 드론은 전장에서 운용돼 그

실효성을 입증해나가고 있는 게임체인저 중 하나다. 미 국방부는 2035년까지 전체 공군 전력의 약 70%를 무인기가 차지할 것이라 밝혔는데 그만큼 드론의 군사적 중요성은 점점 더 증대하고 있다.

이에 현재 한국 국방부도 '드론 관련 민간 기술 발전과 드론 산업 육성'이라는 국가 정책에 기여하고 드론 분야의 국방 과학기술과 무기 체계를 강화하기 위해 전략적으로 국방 드론을 발전시켜 나가고 있다. 이는 미래 첨단 기술을 적용한 군사력 건설과 함께 국내 드론 시장 활성화에 군이 공공 수요를 창출하는 임무를 수행한다는 점에서 긍정적으로 평가되고 있다.

실제로 각 군은 시설 경계, 물자 수송 및 교육 훈련 등 상용 드론을 운용 중이며 향후 지도 제작이나 도면화와 같은 매핑Mapping, 통신 중계 영역에서 그 수요는 더 확대될 것으로 예상된다. 전 세계 군사용 드론 시장의 규모는 2020년 기준 111억 달러(약 12조 7,650억 원)에서 빠르게 증가해 2029년에는 143억 달러(약 16조 4,450억 원)에 달할 것으로 전망된다.

그러나 현재 국내 드론 공급 시장은 기체, 부품, 장비 대다수를 중국을 비롯한 해외에 의존하고 있으며, 2019년 기준 항공우주연구원의 분석에 따르면 국내 드론 시장에서 국산 부품의 활용률은 30.4%의 저조한 수준에 머무르고 있다. 현재 국내 상용 드론의 기술 수준은 세계 최고 대비 65% 수준이고, 외국산(주로 중국산) 대비 높은 가격으로 인해 시장을 점유하기 어려운 것으로 평가된다. 군에서 요구되는 드론 분야의 기술 수준이 민간의 상용 드론과 비교해

우주산업의 로켓에 올라타라

더 높다는 점을 고려하면 이러한 국내 기술 수준은 향후 국가안보 측면에서도 고민해야 할 부분이다.

국내 드론 공급 시장에서 해외 의존도가 높은 데는 크게 두 가지 이유가 있다. 첫째, 국내 기업들도 충분한 기술적 역량을 보유했으나, 기업 자체적으로 연구·개발 및 생산하는 경우 경제성이 떨어져 중국 부품을 사용하는 경우다. 둘째, 국내 자체 생산은 가능하나 군에 적용하기에는 견고성이 떨어지는 경우다. 두 경우 모두 군이 필요로 하는 드론을 적시적기에 공급받지 못하도록 저해하는 가장 큰 요인으로 지적되고 있다. 그뿐만 아니라 고장 발생 시 해외로 정비를 의뢰하는 절차가 복잡하고 긴 시간이 소요되는 등 후속 지원 또한 어려운 상황이다. 특히 최근 코로나19로 해외 부품 수급이 지연됨에 따라 군 전력화 시기가 일부 지연되는 등 부정적인 영향을 초래했다.

한편 미 국방부는 국가안보에 위협이 될 수 있다는 이유로 중국의 드론 기업이자 세계 최대 민간 드론 제조 업체인 DJI Da Jiang Innovations*의 드론 사용을 중단한다고 발표했다. 중국이 제조한 드론이 날아다니며 수집한 정보가 중국으로 전송될 가능성이 있다는 의미다. 이는 한·미 동맹을 기반으로 연합작전을 수행하기 위해서 상호

✤ 2006년 설립된 DIJ는 2013년 '팬텀 Phantom'이라는 기종을 출시한 이래 글로벌 드론 시장의 최강자 위치를 차지하고 있다. 포브스에 따르면 DJI는 전 세계 유니콘 기업 중 14위(2017년 기준)로 기업 가치는 150억 달러에 달하는 것으로 평가된다.

운용성을 유지해야 하는 우리나라의 경우에도 국내 드론 시장의 높은 해외 의존도를 재고할 필요성이 있음을 보여주는 대목이다. 일본 정부의 경우 미국 정부 결정을 뒤따라 2021년부터 정부 부처와 산하기관의 중국산 드론 사용을 금지한 바 있다.

그렇다면 국내의 드론 기술 수준은 왜 저조한 걸까? 그 이유는 앞서 설명한 높은 해외 의존도와 무관하지 않다. 현재 국내 드론 제조 기업들은 대부분 중소기업인데, 이는 국내에서 드론 수요 자체가 그리 크지 않기 때문이다. 당연히 기업 입장에서는 드론과 관련한 연구·개발에 투자할만한 매력을 느끼지 못했다. 그런 점에서 국내 기업들이 연구·개발을 못한다기보다는 안 해왔다고 표현하는 것이 더 정확하다. 실제로 국내 드론 생산을 위한 기술 인프라 구축은 미국의 실리콘밸리나 중국 선전 지역*의 수준에 도달하지 못한 실정이다.

저출산의 여파로 인구 절벽이 예상되는 현시점에서 드론을 비롯한 무인 무기 체계에 대한 군의 수요는 더욱 증가할 전망이다. 군이 국내 드론 시장에서 지속적인 공공 수요를 창출할 수 있다면, 군의

✤ 선전은 아시아의 실리콘밸리로 불리는 지역으로, 매해 중국 GDP의 4% 정도가 선전 지역의 연구·개발에 투자되는 것으로 알려져 있다. 과학기술 부문 인재 유입이 가장 활발한 지역 중 하나로 DIJ뿐만 아니라 화웨이, 텐센트, 평안보험平安保險 등 중국의 주요 기업이 본사를 두고 있다. 기술 개발, 제작, 생산이 가능한 산업 생태계 형성을 통해 긴밀한 협력 관계를 구축하고 있으며, 2017년 기준 중국 드론 생산의 80% 이상을 선전 지역이 담당하고 있다.

우주산업의 로켓에 올라타라

입장에서는 적시에 필요한 드론을 획득하는 자체적인 목표를 달성할 뿐만 아니라 국내 드론 산업이 발전할 수 있는 생태계를 조성하는 주체의 역할도 할 수 있을 것이다.

한편 미 국방부의 드론 수요는 더욱더 증가하고 있다. 2020년 미국은 DJI와의 계약을 전면 중단한 이후, 미국 자체적으로 그리고 동맹국들로부터 드론을 구매하는 대규모 프로젝트에 착수했다. 그뿐만 아니라 최근에는 군집 드론에 탑재할 수 있는 인공지능 분야에 협력할 민간 파트너를 찾고 있다. 한국의 경우 한·미 동맹을 기반으로 중국의 드론을 대체하는 파트너가 될 수 있는 가능성이 있다. 미국 시장 내 드론 공급과 함께 인공지능을 비롯한 관련 기술 및 프로그램 개발까지 협력한다면, 국내 우주산업의 발전에 있어 한 단계 도약하는 기회가 될 수 있을 것이다.

한·미 기술 협력을 통한 파트너십 전략
② 5/6G

•

한·미 동맹에 기반한 기술 협력을 통해 창출할 수 있을 것으로 예상되는 또 다른 시장은 5/6G 분야다. 미국에 있어서 향후 인공위성을 이용해 지상과 해상, 그리고 해저까지 안정적인 통신을 확보하는 것은 미래전 수행에 필수적일 것이다. 또한 가상현실과 증강현실을 뛰어넘는 확장현실 기술을 이용한 훈련 분야의 발전도 기대된다. 이를 가능하게 하는 것이 바로 5/6G다.

글로벌 경제 전문지 《블룸버그》는 "6G 기술을 선점하는 기업과 국가가 4차 산업혁명의 승자가 될 것"이라며 6G가 경제·산업은 물론 정치와 국방 영역에서도 강력한 영향력을 갖고 있다고 평가했다. 미국이 중국과의 기술 패권 경쟁이라는 큰 틀 속에서 동맹국들과 함께 6G 기술에 사활을 거는 이유다.

이미 중국은 4G 시대부터 정부의 적극적인 지원하에 미국, 유럽과 다른 시분할 방식(다중 통신 방식의 하나로, 통신로를 시간대별로 구분해 각각의 시간대에 단말을 할당하는 방식)의 독자적인 방법으로 기술을 개발해왔다. 그리고 14억 인구의 내수 시장을 바탕으로 화웨이나 중싱통신ZTE 같은 기업이 5G 분야에서 글로벌을 선도하는 수준에 이르렀다. 이는 통신 기술뿐만 아니라 장비 분야에서도 성과를 이뤄, 2020년 4분기 기준 전 세계 통신 장비 점유율은 화웨이가 31.4%, ZTE가 10.9%를 차지해 총 40% 이상의 시장 점유율을 갖게 됐다.[3] 미국은 2019년 국방수권법National Defense Authorization Act, NDAA(국가안보를 이유로 외국 기업의 미국 투자에 대한 규제를 강화하거나, 다른 나라에 대해 정치적·군사적 제재를 가하도록 허용하는 미국법)을 통해 화웨이의 통신 장비를 조달하거나 사용하지 못하게 하는 맞불을 놓았고, 동맹국들에도 화웨이의 5G 장비를 쓰지 말라고 요구하고 있다.

통신 분야의 한·미 간 상호 운용성 유지는 한·미 연합작전뿐만 아니라 육·해·공군 합동훈련과 향후 전시작전권 전환에도 중요한 부분이다. 이러한 측면에서 DIU의 허긴스는 관련 분야에 한국이 기여할 수 있는 강점으로 통신 분야 협력을 다시금 강조했다.

우주산업의 로켓에 올라타라

미국이 가진 소프트웨어적 기술력과 한국의 제조력을 결합해 다가올 6G 시대를 개척하는 것이야말로 두 국가의 경제와 안보를 동시에 뒷받침하는 방안이 될 수 있을 것이다. 지금은 한·미 동맹을 바탕으로 우리가 강점을 가진 분야가 무엇인지 판단하고 여기에 과감히 투자할 수 있는 전략을 발전시키는 것이 필요한 시점이다. 그리고 군을 비롯한 공공 수요를 창출하기 위해서 DIU의 사례가 한국에 시사하는 바가 무엇인지 고민해야 할 때다.

02

우주개발을 이끈
챌린저호와 팰컨 9호

**챌린저호의
비극에서 배우다**

●

발사 후 불과 73초 만의 일이었다. 1986년 1월 28일 오전, 미국이 우주왕복선을 개발한 이래 25번째 임무 수행을 위해 발사된 챌린저호Challenger가 폭발하기까지 걸린 시간이다. CNN의 TV 생중계를 통해 수많은 사람이 지켜보는 가운데 케네디 우주센터 39-B 발사대를 떠난 지 불과 2분이 채 되지 않은 시간이었다.

이 폭발로 인해 6명의 우주인과 1명의 민간인 교사가 목숨을 잃었고, 이를 지켜보던 수많은 학생과 지인, 가족들은 정신적 충격에

빠졌다. 챌린저호 폭발 사건은 지금까지도 NASA 창설 이래 가장 큰 대참사로 거론되며, 당시 우주왕복선 프로그램과 우주정거장 개발 계획 및 미군의 전략방위구상(냉전 시대 소련의 핵미사일을 우주에서 요격하고자 하는 구상으로 스타워즈 계획이라고도 불림)까지 위태롭게 한 사고로 기록됐다.

정확히 30년 후인 2016년 스페이스X의 팰컨 9호는 로켓 엔진을 시험 가동하던 중 폭발로 전소됐다. 이로 인해 스페이스X가 추진 중이던 첫 민간 유인 우주왕복선 발사 계획에도 차질이 생겼을 뿐만 아니라, 전기차 회사인 테슬라와 태양광 패널 제조업체 솔라시티 Solar City의 자금난에 대한 우려까지 더해져 일론 머스크는 그야말로 사면초가에 처했다.[4]

이처럼 현재의 우주 선진국이 되기까지 미국은 수많은 실패를 경험했다. 우주 영역에서의 실패는 곧바로 인명 피해와 막대한 예산 손실로 직결되는 사안이다. 국가적 명성은 물론 연구에 참여했던 엔지니어들이 평생 겪을 심리적 피해까지 고려한다면 결코 가볍게 볼 수 있는 부분이 아니다. 그런데도 NASA와 머스크는 계속 전진했다. 나아가 NASA와 스페이스X는 서로 협력을 통해 뉴 스페이스 시대를 이끄는 주역이 됐다.

NASA와 스페이스X, 이 둘의 공통점은 뭘까? 올드 스페이스를 대표하는 NASA와 뉴 스페이스를 대표하는 스페이스X, 그리고 이들의 협력이 우리에게 주는 함의는 무엇일까? 두 조직을 공통으로 관통하는 키워드는 '실패와 혁신' 그리고 '리더십'이다.

챌린저호 폭발의 원인은 단순히 부품 결함과 같은 기술적 문제에 기인하지 않는다. 1977년 첫 번째 시험 때부터 문제를 제기했던 엔지니어의 의견을 무시한 의사소통의 부재, 챌린저호를 계획대로 발사시켜야 한다는 관리자들의 강박관념, 그 누구도 소신 있게 우주선 발사의 위험성을 거론하지 못한 조직의 경직성 등이 총체적으로 작용한 결과다.

조직 커뮤니케이션 전문가인 필립 톰킨스Phillip K. Tompkins는 그의 저서 《Organizational Communication Imperatives(조직 커뮤니케이션 필수조건)》에서 챌린저호의 비극은 'O링'이라는 부품의 기술적 문제가 직접적인 원인이었으나, 그러한 문제를 최고 관리자에게 보고하고 해결방안을 찾는 데 실패한 조직의 커뮤니케이션 문제가 근본 원인이었다고 설명한다.

이러한 커뮤니케이션 문제는 비단 NASA만의 것이 아니다. 조직이 거대해지고 계층이 생겨나면서 정부 기관이나 대기업에서는 개인의 업무가 점점 세분화되고 관료화되는 모습을 자주 볼 수 있다. 어쩌면 대수롭지 않게 넘길 수도 있겠지만, 결국 이 문제는 우주선 폭발이라는 커다란 비극으로 이어졌고, NASA는 우주와 관련된 기술을 개발하는 기관 그 이상의 역할을 고민해야만 하는 입장이 됐다. 이러한 과정에서 NASA의 총책임자로 임명된 베르너 폰 브라운은 조직의 커뮤니케이션 활성화와 함께 임무를 성공적으로 수행하기 위해 크게 세 가지 방법을 활용했다.[5]

첫째, 월요일 보고다. 일종의 간이보고 형태로 각 부서책임자가 부서의 주요 현안에 대해 1쪽 분량의 간략한 메모로 정리해 매주 월요일 아침마다 최고 관리자인 자신에게 보고하도록 한 것이다. 브라운은 각 부서장이 보고한 메모를 꼼꼼히 읽고 이와 관련한 지시 사항이나 의견을 메모지 여백에 써서 당일 각 부서장에게 돌려보냈다. 이때 각 부서에 해당하는 내용뿐 아니라 다른 부서의 메모를 모두 같이 보냈는데, 이를 통해 각 부서장은 자신의 부서뿐만 아니라 다른 부서의 메모 내용까지 알게 되면서 자연스럽게 수평적인 정보 교환이 이뤄졌다. 또한 피드백을 통해 최고 관리자 브라운의 생각을 직접적으로 파악할 수 있었기에 조직 전반적으로 일관성 있는 의사 결정이 가능해졌다. 여기서 메모의 또 다른 긍정적 효과는 브라운이 격려와 칭찬을 아끼지 않았다는 점이다. 매주 월요일마다 최고 관리자의 의견과 격려를 직접적으로 보고 들을 수 있었던 부서장들은 이후 가감 없이 자신들의 의견을 낼 수 있었고 이는 오류와 사고를 줄이는 데 크게 기여했다.

둘째, 자동책임 시스템의 구축이다. 브라운은 전 직원에게 자기 부서 내에서 이뤄지는 모든 일의 결과는 전체의 책임이라는 의식을 갖도록 했다. 이에 직원들은 내 일과 동료의 일이 따로 있을 수 없다고 생각하게 됐고, 부서 내 현안과 관련해 이슈가 발생하게 되면 그 즉시 인지한 사람이 관련 문제를 해결하고자 노력했다. 또한, 이를 부서장과 동료와 공유하면서 여러 부서가 함께 해결책을 모색하게 만드는 결과를 가져왔다.

셋째, 통찰과 이해다. 이는 최소한 자신이 속한 부서와 함께 일하는 외부 협력 기관들이 어떠한 일을 진행하고 있고 어떠한 문제에 처해 있는지 꿰뚫어 보고 있어야 한다는 의미다. 이 역시 기본은 상하 간 또는 동료 간의 커뮤니케이션에서 시작된다. 브라운은 NASA 전 직원들이 현안에 대해 이해하고 진행 상황을 모니터링하도록 해, NASA의 임무 수행에 영향을 미칠 수 있는 사항들을 다각도에서 분석하고 대비할 수 있도록 독려했다.

브라운이 떠난 후에도 NASA의 사무실 한구석에는 다음과 같은 글이 붙어 있다고 한다. "월요일 보고, 자동책임 시스템, 통찰은 어느 조직에서나 실천할 수 있고 조직의 문화를 바꿀 수 있는 바람직한 행동 양식이다. 우리는 이러한 실천을 통해 달을 정복할 수 있었다. 그러나 우리가 그것을 잠시 망각함으로써, 7명의 우주인과 그 가족들의 행복을 빼앗겼다."

언제나
실패할 것

●

미국의 시사주간지 《디 애틀랜틱The Atlantic》은 한 기사를 통해 머스크를 '이 시대의 가장 야심만만한 혁신가'라 묘사하면서 다음과 같이 설명했다. "마치 레오나르도 다빈치와 벤저민 프랭클린 같은 열정적이고 폭넓은 탐구 정신으로, 머스크는 전자화폐와 민간 우주 비행선에서부터 전기자동차에 이르기까지 자신이 관심을 두고 있는 거의 모든 분야를 변화시켰다. 머스크의 야망은 그 범위와 규모면에서 회의론을 불러일으키기도 했으나, 시간이 지남에 따라 그는 자신이 창의적일 뿐 아니라 뛰어난 사업가이기도 하다는 사실을 입증했다."[6]

현재는 글로벌 우주항공 및 방위산업의 생태계를 바꿔나가고 있는 대표적인 스타트업이 됐지만 2002년 설립 당시만 하더라도 스페이스X가 성공할 수 있으리라 예상한 사람은 거의 없었다.

페이팔의 전신이 된 온라인 결제 서비스 회사 엑스닷컴X.com을 설립하고 전기자동차 회사 테슬라를 세계 최대의 자동차 업체로 만드는 등 손대는 분야마다 혁신을 일으키는 창업가로 알려진 그였지만 최초 머스크가 우주로 관심을 돌릴 때만 해도 황당하다는 반응이 대부분이었다. 더구나 그가 지구에 사람이 살 수 없는 경우를 대비해 화성에 영구적이고 독립적인 정착 기지를 건설해야 한다고 주장했을 때, 우주 분야 전문가들의 비웃음을 살 정도였다. 그조차 처음 회사를 설립했을 때 스페이스X가 지금처럼 성공할 거라고는 생각하지 못했다고 말한 바 있다.

다른 기업과 비교해 조직적 어려움의 성격과 내용은 상이할지 모르지만, 스페이스X 또한 위기를 경험했다. 규모가 큰 조직과는 달리 조직 내 문화가 자유롭고 유연하지만, 임무 분장과 자원의 분배 등 스타트업만이 경험하는 크고 작은 어려움에 봉착했던 것이다. 또한, 불가능해 보이는 영역에서 능력을 증명해야 했고, 이러한 과정에서 이미 전통 플레이어들이 자리 잡고 있는 미국의 우주항공 및 방위산업 시장이라는 철옹성을 뚫어야만 했다.

스페이스X가 글로벌 6대 주요 방산 기업(록히드마틴, 보잉, 노스럽 그루먼, 레이시온, 제너럴 다이내믹스, BAE시스템스)와의 경쟁에서 승리한다는 것은 거의 불가능에 가까워 보이는 무모한 도전과도 같았을 것이다. 하지만 발사체 재활용과 같은 기술혁신은 스페이스X가 전통 기업을 앞질러 선두에 설 수 있는 계기를 마련해 줬다.

2020년 5월 스페이스X의 발사체 팰컨 9호는 유인 우주선인 크루 드래건을 싣고 날아올라 중국 상공 422km 지점에서 지구를 선회하던 국제우주정거장에 성공적으로 도킹했다. 이를 통해 스페이스X는 2011년 NASA의 우주왕복선이 은퇴한 뒤 9년 만에 미국이 우주로 쏘아 올린 최초의 우주선이라는 영예와 함께 인류 우주개발 역사상 첫 민간 기업 주도의 유인 우주선 발사라는 명예를 얻었다.

앞서 언급했듯이 인류를 다시 달로 보내는 아르테미스 프로젝트를 추진하고 있는 NASA는 2021년 4월, 달 착륙선 사업 선정자로 스페이스X를 최종 선정했다. 아마존의 제프 베이조스가 설립한 블루오리진, 미국의 방산 기업 다이네틱스Dynetics 등 막강한 후보 기업을 제치고 약 28억 9,000만 달러, 한화로는 약 3조 3,235억 원 규모의 달 착륙선 사업자 계약을 따낸 것이다.

2002년 설립 이래, 스페이스X의 매 행보는 호기심과 관심의 대상이다. NASA와 계약을 체결한 것도 이번이 처음이 아니다. 그간 스페이스X의 기술력은 꾸준히 인정받고 있었지만, 이번 단독 입찰로 인해 그 위상을 더욱더 확고히 만드는 계기가 됐다. 아르테미스 프로젝트가 가지는 의미와 상징성을 고려하면 이번 아르테미스 프

베르너 폰 브라운(좌)과 일론 머스크(우)는 우주에 대한 열망과 혁신의 리더십을 통해 미국의 우주개발을 이끌었다.

로젝트와 스페이스X의 결합은 가히 혁신적이다.

우주는 언제나 인류의 도전을 상징하는 영역이다. 그러한 우주가 미지의 영역에서 벗어나 삶의 한 일부로서 다가올 수 있었던 배경에 챌린저호와 팰컨 9호, 그리고 그 둘을 쏘아 올린 NASA와 스페이스X가 있다. 특히 브라운 박사와 머스크는 속한 시대와 조직, 그리고 심지어 국적도 다르지만, 우주에 대한 열정만으로 미국의 우주개발을 이끌었다. 실패와 혁신, 그리고 다양성을 품고 있는 열린 리더십은 올드 스페이스와 뉴 스페이스를 관통하는 열쇠와도 같다.

03

골리앗에 대한
거센 도전이 시작되다

비상등이 켜진
미국의 전통 방산 기업

●

최근 미국의 전통적인 우주항공 및 방위산업체[*]에 대한 도전이 거세다. 역사적으로 볼 때, 전통적인 군사 강국인 미국을 뒷받침해온 기업들은 록히드마틴, 보잉, 노스럽 그루먼, 레이시온, 제너럴 다이내믹스와 같은 대형 방산 기업들이다. 비교적 최근인 2015년에 창

---

[*] 한국에서는 일반적으로 방위산업 내에 우주항공을 편입시키는 반면 미국을 비롯한 유럽의 경우 우주항공 및 방위산업Aerospace&Defense Industry으로 표현한다.

우주산업의 로켓에 올라타라

립된 노스럽 그루먼을 포함해, 1912년 록히드마틴, 1916년 보잉, 1922년 레이시온, 1952년 제너럴 다이내믹스가 각각 창립된 이래 2020년 기준 스웨덴 스톡홀름국제평화연구소SIPRI가 발표한 무기 산업 데이터베이스에 지속해서 1~5위를 차지할 정도로 이들 전통 방산 기업의 영향력은 막강하다.[7]

그러나 최근 DIU를 주축으로 미 국방부가 첨단 기술로 무장된 테크 기업 및 스페이스X와 같은 스타트업과의 협력을 강화하면서 전통적인 우주항공 및 방위산업체는 비상등이 켜졌다. 아직 그 규모 가 크지는 않다고 하더라도, 향후 미래전의 양상을 고려해 이러한 협력 관계를 예의주시할 수밖에 없는 것이다. 특히 DIU가 발표한 보고서에는 기존 전통적인 방산 기업들에 대한 문제의식이 고스란 히 담겨있어 이들이 위기감을 느낄 이유는 충분하다.

최근 페이스북, 알파벳, 애플, 아마존 등의 빅테크 기업이 투자 하는 연구·개발 비용이 기존 방산 기업들의 연구·개발비를 훨씬 앞 지르면서 향후 협력 대상의 변화가 있을 것을 암시했다.

이는 전통적인 대형 방위산업체들이 미 국방부와 중장기 계약을 체결하는 방식과 대조되는 양상이었다. 전통적으로 방산 기업들은 대규모 생산에 방점을 찍은 전략을 고수해왔다. 전쟁을 치르는 상황 에서 한번 무기 체계 플랫폼의 생산설비가 설치 및 가동되면 그 이 후 변화의 필요성이 많지 않았다. 규모의 경제를 이루기 위해 중장 기적으로 계약을 체결하다 보니 비용 절감에 더욱 신경을 쓰고 혁 신을 위한 연구·개발 투자에는 소홀해졌다. 물론 이러한 배경에는 군과 정부의 수요에 맞춰 몇몇 대형 방산 기업들이 독점적으로 계약을 하기 때문인 것도 있다.

플랫폼 중심의 무기 체계를 운용하던 과거에는 이러한 전통적인 계약방식이 효율적이었을 수 있다. 보안이나 신뢰성 유지 측면에서 수십 년 동안 계약을 유지해올 수 있었던 대형 방산 기업들은 정부와 군이 일하는 방식에 익숙했다. 그러나 4차 산업혁명 기술의 발전으로 민간에서 더욱 신속한 기술 개발이 이뤄지는 현시점에는 더이상 유효한 전략이 아니다. 첨단 기술 스타트업과 협력하는 것이 보다 더 저렴한 예산으로 신속하게 우수한 기술을 군에 도입할 수 있다는 DIU의 최근 분석은 향후 군과 스타트업의 협력이 더욱 가속화될 것임을 예상하게 한다.

군사적인 입장에서 볼 때, 21세기에 가장 중요하고 전략적인 군사 영역 중 하나로 꼽히는 우주공간을 활용하기 위해서는 이제 민간 기업과의 협력이 필수가 된 것이다. 많은 군사 전문가들은 21세기 군사 전력의 핵심은 전통적인 방산 기업들과의 협력이 아닌 인공지능 및 로보틱스 기술로 무장한 IT 기업들과의 협력이 되리라 예측한다. IT 기술혁신의 최전선에 있는 스타트업의 기술과 노하우가 국방과 안보에도 꼭 필요해진다는 의미다. 나아가 고정화된 틀에서 벗어나 창의적이고 유연하게 생각하고 일하는 방식 역시 시시각각 변화하는 안보 환경에서 선제적으로 대응 방안을 고민해야 하는 군과 정부가 배워야 할 부분이다.

우주산업의 로켓에 올라타라

NO.1의 자리를 넘보는
중국

●

더욱이 우주항공 및 방위산업 분야에서도 미국에 이어 세계 2위 자리를 굳히고 있는 중국은 전통적 군사 강국으로 꼽혀 온 러시아 등을 제치고 전 세계 두 번째 무기 판매량을 기록하고 있다.

특히 중국 방산 기업의 경우 전차나 장갑차 같은 전통 무기보다 우주항공산업 분야에서 매출이 증가하는 양상을 보였다. SIPRI가 2020년 공개한 무기 산업 데이터베이스를 보면 전 세계 25대 무기 생산 및 군사 서비스 업체에 총 4개의 중국 방산 기업이 이름을 올렸다.

이들 기업의 2020년 매출은 모두 567억 달러(약 65조 원)로, 세계 25대 방산 기업 전체 매출 3,610억 달러(약 415조 원)의 약 16%를 차지했다. 이는 12개 기업이 2,212억 달러(약 254조 원)어치의 무기를 팔아 세계 25대 방산 기업 전체 매출의 약 61%를 차지한 미국에 이어 두 번째로 높은 비중이다. 러시아는 상위 25개 기업 명단에 포함된 2개 기업이 139억 달러(약 16조 원) 매출을 기록해 약 3.9%의 매출 비중을 나타냈다.[8]

중국 기업 중에서는 중국항공공업집단공사AVIC가 2020년 222억 달러의 매출로 6위를 기록했고, 중국전자과기집단공사CETC와 중국북방공업NORINCO이 각각 150억 달러와 145억 달러로 8위, 9위에 오르는 등 모두 3곳이 상위 10위 안에 포함됐다.[9]

이 가운데 중국 최대 전차·장갑차 생산 기업인 중국북방공업은 2018년 매출이 0.3% 감소했지만, 우주항공 기업인 중국항공공업집단공사는 매출이 2.9% 늘어난 것으로 나타났다. SIPRI는 이를 두고 중국 정부가 우주항공·해양 프로그램 개발에 주력하는 대신, 탱크와 군용 차량 등 전통적 군수품의 비중을 낮추고 있다는 분석을 내놓았다. 일부 전문가들은 일대일로와 중국 무기의 결합은 기존의 방식과는 확연히 구별되는 전략을 구사하고 있으며, 중국의 무기 수출이 증가하는 시점과 일대일로가 추진되는 시점이 겹친다는 점에서 중앙 및 지방정부, 국유 은행과 국유 방산 기업 그리고 연구소, 대학교가 함께 협력함으로써 거둔 성과라고 평가하기도 했다.[10]

미국의 글로벌 국방 전문 매거진 《디펜스 뉴스Defense News》의 통계를 살펴보면, 2018년에는 글로벌 우주항공 및 방위산업 상위 기업 25위권 내에 중국 기업이 하나도 없던 반면 2019년에는 30% 이상을 중국 기업이 차지했다. 이는 두 가지로 해석할 수 있는데, 먼저 2018년 이전까지는 중국 기업과 관련해 공개된 통계 자료가 없거나 중국이 의도적으로 이러한 자료를 공개하지 않았을 가능성이 있다. 그러던 것이 2019년에 들어서, 이제 전 세계에 공개적으로 우주항공 및 방위산업의 강대국으로서 중국의 지위를 보여줄 자신감이 생겼다는 의미이기도 하다.

다만 이런 중국 기업들도 아직 미국 기업들과는 격차가 있다. 2020년 기준, 세계 상위 25대 기업에는 미국 기업 10곳이 포함돼 있으며, 록히드마틴, 보잉, 제너럴 다이내믹스, 노스럽 그루먼, 레이

글로벌 우주항공 및 방위산업 상위 25대 기업

2018년			2019년		
순위	기업	국가	순위	기업	국가
1	Lockheed Martin	미국	1	Lockheed Martin	미국
2	Raytheon Company	미국	2	Boeing	미국
3	BAE Systems	영국	3	Northrop Grumman	미국
4	Northrop Grumman	미국	4	Raytheon Company	미국
5	Boeing	미국	5	AVIC	중국
6	General Dynamics	미국	6	General Dynamics	미국
7	Airbus	네덜란드/프랑스	7	BAE Systems	영국
8	Almaz-Antey	러시아	8	NORINCO	중국
9	Thales	프랑스	9	Airbus	네덜란드/프랑스
10	Leonardo	이탈리아	10	CASIC	중국
11	United Technologies	미국	11	CSGC	중국
12	L3 Technologies	미국	12	CETC	중국
13	Huntington Ingalls	미국	13	Leonardo	이탈리아
14	United Aircraft Corp.	러시아	14	CSIC	중국
15	Leidos	미국	15	Almaz-Antey	러시아
16	Rolls-Royce	영국	16	Thales	프랑스
17	Booz Allen Hamilton	미국	17	United Technologies	미국
18	Naval Group	프랑스	18	L3 Technologies	미국
19	Harris Corporation	미국	19	CASC	중국
20	Textron Inc.	미국	20	Huntington Ingalls	미국
21	Honeywell	미국	21	Leidos	미국
22	GE Aviation	미국	22	CSSC	중국
23	Hanwha	한국	23	Booz Allen Hamilton	미국
24	Bechtel	미국	24	Rolls-Royce	영국
25	JSC	러시아	25	Honeywell	미국

출처: Defense News

시온이 순서대로 1~5위를 차지했다. 앤드루 에릭슨Andrew S. Erickson 미국 해군전쟁대 중국해양연구소 교수는 《월스트리트 저널》과의 인터뷰를 통해 "중국은 세계 시장에서 서구 국가들이 판매하지 않기로 합의한 국가들에 항공 드론을 제공하거나 가격 경쟁을 하며 무기 판매 활동을 하고 있다"라며 "어쨌든 중국이 세계 2위의 국방비를 지출하면서 급속한 군사 발전과 영향력 확대를 꾀하고 있는 것은 분명하다"라고 말했다.[11]

규모의 경제와 로비에 의지하던 시대는 끝났다

•

미국이 중국의 빠른 추격에 쫓기게 된 배경에는 큰 조직이 가지고 있는 전통적인 제조 방식에 의지해 플랫폼 위주의 생산 라인을 고수한 탓이 있다. 모든 물건에 수명이 있듯, 무기와 방산 물자에도 수명 주기라는 것이 있다. 전통적인 무기 체계의 수명은 정확하게 정해진 것은 아니지만 대략 30년 정도 사용하면 은퇴를 생각한다. 문제가 생긴 부품을 수리하거나 새 부품으로 교체를 하더라도, 안전을 위해서 일정 기간이 지나면 일선에서 물러나게 하는 것이다.

평균 30년이라는 무기 체계의 긴 수명 주기 탓에 전통적으로 방산 기업들은 연구·개발보다는 대규모 생산에 방점을 찍은 전략을 유지해왔다. 일단 한번 플랫폼의 제조 분야에서 생산 설비가 가동되면 그 이후 변화의 필요성이 많지 않기도 했고, 규모가 크다 보니

우주산업의 로켓에 올라타라

혁신을 이루기도 어려웠다. 중장기적으로는 방산 기업 간 인수 합병을 하며 점점 몸집이 커지는 대형화 전략을 운용했다.

무기 체계별 규모와 범위를 통합하고, 점차 방산 기업을 계열별·그룹별로 통합해 대형화하는 전략은 국제 경쟁력 강화 차원에서 미 국방부의 신뢰성을 높이는 효과를 거둘 수 있었다. 물론 단가 경쟁에서도 유리한 위치를 선점하는 데 유효한 전략이었다. 산업의 특성상 군에서만 사용될 수밖에 없었던 무기 체계는 규모의 경제를 키워 투자 여력을 확보하고 수요 위축 등 변수에 능동적으로 대처하는 데 효과적이었고, 실제로 최근까지 미국을 비롯한 각국 정부들은 이러한 방산 대형화 작업을 지원하기도 했다.

미국은 1993년 윌리엄 페리 국방부 차관(1993~1994년)이 '마지막 만찬'이라 불리는 방산 기업 고위직 만찬장에서 통합을 장려하면서 방산 대형화 작업이 속도를 내기 시작했다. 정부는 통합에 든 비용까지 사업의 계약 과정에 반영하는 등 정책적으로도 적극적으로 지원했다. 이때 록히드마틴과 보잉, 레이시온, 제너럴 다이내믹스 등 글로벌 톱5를 유지하고 있는 기업들이 날개를 달 수 있었다고 해도 과언이 아니다.

영국 또한 항공기, 방산 전자, 지상 장비, 함정 등 국방 획득 전 분야 기업들을 BAE시스템스British Aerospace Systems로 통합했다. 이 회사는 매년 200억 달러가 넘는 매출을 거두는 글로벌 톱10 규모의 방산 기업으로 성장했다.

독일은 주요 방위산업을 각각 항공기 부문은 EADS사, 미사일 제조 부문은 MBDA사, 방산 전자 부문은 ESG사, 군사용 차량 부문은 KMW사 등의 분야별 1개 기업 체계로 통합했다. 이스라엘은 국방과학연구소를 아예 국영 방산 기업 라파엘Rafael Advanced Defense Systems로 재편·운영하고 있다.[12]

통합화 및 대형화 과정에서 필연적으로 제기되는 독과점 이슈에 대해서는 방위산업의 태생적인 특성에 따라 로비와 함께 촘촘히 형성된 민군 복합체 네트워크로 대응해왔다. 예컨대 2020년 한 해에만 록히드마틴은 1,286만 달러(약 148억 원)를, 보잉은 1,263만 달러(약 145억 원)를 로비에 썼다고 알려져 있다.[13]

그러나 4차 산업혁명 기술 발전의 가속화는 이러한 대형 방산 기업의 전략적 한계를 드러내고 있다. 아직 규모로만 본다면 위 기업들에 스타트업은 크게 위협적인 존재가 아니다. 하지만 인공지능, 자율주행, 사이버, 유무인 시스템, 첨단 신소재 등의 기술은 민군 겸용 기술로서 실제로 스타트업을 중심으로 연구·개발이 더 빠른 속도로 진행되고 있다. 플랫폼 제조 방식에 익숙해져 한동안 연구·개발에 소홀했던 대형 방산 기업들이 규모가 작은 스타트업의 가능성을 무시하는 경직된 마인드로 일관한다면 얼마 지나지 않아 그 결과는 크게 달라질 것이다.

최근 중국의 가파른 성장이 그 방증이다. 중국은 우주항공 및 방위산업 분야에서 첨단 기술 기반 스타트업의 경제적 및 군사적 가치를 알아보고 투자를 아끼지 않았다. 미국의 대형 방산 기업과 미국방부조차 신경 쓰지 않고 있던 미국 내 첨단 기술 기반 스타트업

우주산업의 로켓에 올라타라

의 가치를 알아보고 이를 투자했다. 이를 통해 미국의 첨단 기술을 자국으로 흡수하는 기술이전 전략과 함께 민군융합을 통해 글로벌 우주항공 및 방위산업 분야 2위에 올라설 수 있었다.

전통 우주항공 및 방위산업의 통합화와 대형화 전략 자체는 여전히 무기 체계 제조 분야에 있어 유의미한 요소일 수 있다. 그러나 그러한 과정에서 조직은 점점 방대해졌고, 의사 결정을 하기까지 거쳐야 하는 단계는 더욱 세분화되고 파편화됐음을 부인할 수는 없을 것이다.

이미 몸집이 커질 대로 커져 조직의 민첩성과 신속성, 그리고 유연성이 부족해진 전통 우주항공 및 방위산업체들은 앞으로 어떤 모습을 보여줄까? 그들의 반격 전략은 향후 글로벌 우주항공 및 방위산업의 발전 방향을 가늠해볼 수 있는 하나의 큰 관전 포인트가 될 것이다.

*

우주
미래전

01

우주 지배권에
올인하는 미국

우주,
미래전을 바꾸다

●

우주 전장은 경계선이 없어 그 자체로 글로벌한 영향력을 미칠 수밖에 없다. 따라서 우주에 적용 가능한 첨단 기술은 기존의 질서와 기반을 붕괴시키고 시장 판도를 일거에 바꿀 수 있는 잠재력과 함께, 전쟁의 패러다임을 전환할 가능성을 내포하고 있다. 결과적으로 첨단 기술 발전은 미래전의 양상과 전쟁 수행에 있어 우주에 대한 의존도를 더욱 심화시킬 것으로 예상된다.

우주의 상업화는 우주의 군사화 및 무기화를 더 가속함으로써,

그동안 전략적 공간 영역에 머물렀던 우주공간을 작전 전장이자 전술적 영역으로 변화시키는 원동력이 됐다. 이제는 다차원적인 전투 수행 개념에 부합하는 전장으로서의 우주공간에 대한 인식이 더욱 더 요구되고 있다.

우주에서 전쟁의 효용성을 의심하는 사람도 있겠지만, 이미 우주는 인간의 손길이 닿지 않는 미지의 공간이 아니라, 인공위성을 비롯한 수많은 우주 자산이 존재하는 현실의 영역이다. 위성은 전쟁 수행뿐만 아니라 국가의 경제와 일상생활을 뒷받침하는 중요한 역할을 하고 있고, 지금도 정찰위성 및 발사체 등이 계속 쏘아 올려지고 있는 상황을 생각해보면 전쟁 발발 시 상대국의 전쟁 수행 능력을 저하시키기 위해 우주 자산을 공격해야 할 당위성은 충분하다.

전장으로서의 우주는 극한의 작전 환경이다. 우주 방사선, 우주 먼지 및 극심한 온도 차 등 척박한 우주 환경은 집적된 최첨단 기술을 기반으로 생존을 유지하면서 작전을 수행해야 하는 기술 전장 영역 중 하나이다. 초고온, 초저온, 진공이 공존하는 우주에서 작전을 위한 기술 개발은 필수적인 요소다.

최근 우주의 상업화로 인해 더욱더 증가하고 있는 우주 쓰레기 Space Debris는 우주 작전을 수행하는 데 있어 반드시 고려해야 할 요인이다. 우주 쓰레기는 말 그대로 우주에 떠다니는 파편의 총칭이다. 수명이 다 돼 기능이 정지됐거나 사고 및 고장으로 제어가 되지 않는 인공위성부터 위성 발사에 사용된 로켓 본체와 부품, 다단로 켓multistage rocket의 분리로 생긴 파편, 파편끼리의 충돌로 생긴 더욱

작은 파편, 더 나아가 우주 비행사가 떨어트린 공구와 장갑, 부품까지 포함한다.

소련이 스푸트니크 1호를 발사한 이후 현재까지 세계 각국이 활용하고 있는 인공위성의 수는 급속도로 증가했고 이에 많은 우주 파편들의 양 또한 기하급수적으로 증가했다. 이러한 우주 쓰레기는 고속(최대 28,000km/h)으로 비행하고 있어서 우주선이나 인공위성에 큰 문제점이 될 수 있다. 그러므로 우주 쓰레기를 최대한 제거하는 문제는 향후 우주에서의 군사작전을 원활히 수행하는 데 중요한 과제 중 하나로 부상할 것이다.

우주 작전을 위한 기술 개발

●

우주 군사작전을 위한 기술 개발의 최신 추이는 미국이 동맹국인 영국과 함께 개최한 전 세계 우주 관련 첨단 기술 스타트업 초청 행사에서 엿볼 수 있다. '국제 우주 피치데이'라는 이름의 이 행사는 미 공군이 2019년부터 시작한 이니셔티브의 일환으로 첨단 기술을 연구·개발하고 있는 전 세계 스타트업을 초청하여 자신들의 기술을 선보일 수 있는 기회를 제공한다. 2020년에는 미국, 영국, 호주, 인도 4개국의 스타트업 10개가 선발돼 미국과 영국의 국방 및 우주 분야에서 혁신적인 프로젝트를 수행할 수 있는 기회와 함께 100만 달러(약 11억 5,000만 원) 규모의 투자를 받을 수 있었다.

출처: intlspacepitchday.com

미국과 영국이 공동 주관한 '국제 우주 피치데이'. 2019년 미 공군이 시범적으로 피치데이를 시작한 이후 현재는 우주군을 포함하여 동맹국인 영국, 호주, 인도 등으로 확대되는 모양새다.

이러한 행사는 우주와 관련한 첨단 기술을 속도감 있게 국방 분야에 적용하고자 이뤄진 시도이지만, 그 이면에는 천문학적인 비용이 드는 우주 기술을 동맹국들과 함께 나누어 더 적은 예산으로 기술을 활용하고자 하는 목적도 있다. 미국은 앞으로도 영국을 비롯한 동맹국들과 이러한 행사를 지속할 것으로 예상되며, 아시아태평양 지역 내 동맹국인 한국이나 일본과 행사를 추진할 가능성도 있다.

그뿐만 아니라 국제 우주 피치데이 행사는 그 자체만으로 향후 미국이 중국과의 기술 경쟁에서 동맹국들과 어떻게 대응할 것인지 보여주는 지정학적, 군사적 의미를 함의하고 있다. 또한, 우주에 적용할 수 있는 가장 최첨단의 기술을 엿볼 수 있다는 점에서 글로벌 우주경제에 안정적인 진입을 꾀하는 한국의 입장에서는 앞으로의

우주산업의 로켓에 올라타라

우주 기술 개발 동향을 유추해볼 수 있는 소중한 기회이기도 하다.

이번 행사는 영국 공군, 영국 국방 과학 기술 연구소, 영국 전략 사령부, 미 공군, 미 우주군 및 북대서양조약기구NATO가 공동으로 예산을 지원했고 우주와 관련하여 총 6개 중점 분야의 스타트업을 초청했다.

각국에서는 미래 우주전을 대비해 극초음속 미사일이 대기권에 진입할 때 고온을 견디는 기술이나 레이저로 상대편 위성을 무력화 시키는 기술, 자력으로 위치 데이터를 확보할 수 있는 항법 위성 시스템 등을 갖추는 등 우주력을 향상해 나가고 있다.

물론 이러한 첨단 기술이 우주 전장에 사용되기까지는 더 오랜 시간이 소요될 것이다. 군이 전장에서 사용할 수 있는 무기 체계의 요구 성능을 충족해야 하고 일정 수준의 훈련 기간을 통해 검증 절차를 거쳐야 하기 때문이다. 그럼에도 불구하고 빠른 속도의 기술 발전이 전략을 선도하는 최근의 양상을 고려한다면, 우주에서 활용할 수 있는 첨단 기술을 선도하는 그룹과 그렇지 않은 그룹 간의 격차는 시간이 지날수록 더욱더 벌어질 것으로 예상된다.

견제의
시작

●

미국과 중국 간의 경쟁이 기술 경쟁에서 군사 경쟁에 이르기까지 전방위적으로 확대되는 가운데, 그 중심에 우주가 있다. 특히 중국이 2003년 유인 우주선 발사에 성공한 이래, 지난 20년간 국가가 주도해온 중국의 우주산업은 급성장을 이뤘다. 오늘날 우주산업은 첨단 과학기술과 경제 전 영역, 그리고 국가안보의 성격이 중첩돼 그 잠재력과 성장 가능성이 무한하다는 측면에서, 우주 분야에서 이러한 중국의 도전은 과거 소련의 경우와는 차원이 다르다는 평이 다수다.

중국의 거센 도전에 맞서 미국은 2019년 12월 육군, 해군, 공군과 해병대, 해안경비대에 이은 제6의 독립된 군으로서 우주군을 창설했다. 1947년 공군이 육군에서 독립하여 별도 군으로 창설된 이후 72년 만에 미국에 새로운 군대가 생겼다는 점에서 우주에 대한 미국의 긴박한 인식이 느껴진다.

트럼프 행정부는 '신국가 우주전략'을 통해 "우주에서의 미국 이익을 우선시해, 미국의 우주 활동에 대한 어떠한 공격이나 간섭도 미국의 방식과 장소, 시각에 따라 의도적으로 격퇴하겠다"라고 밝혔다. 우주에서 우위는 심리적인 문제로, 중국이나 러시아가 우주를 선도하게 할 수는 없다는 것이다. 바야흐로 미국과 중국의 우주력 건설을 위한 경쟁의 시작이다.

미국의 우주력
강화 전략

•

우주력Space Power이란 국가 목표 달성을 위해 우주 안팎에서 활동을 수행하고 영향력을 행사할 수 있는 총체적인 능력이라 정의할 수 있다. 뉴 스페이스 시대의 우주는 사이버 영역과 같이 국가나 군만이 통제할 수 있는 영역이 아니다. 군사를 넘어 기술, 산업, 데이터, 외교, 정치, 제도, 국제 규범 등에 걸쳐 복합적인 성격을 띠게 될 가능성이 크다. 그리고 이러한 우주 영역에서의 미·중 경쟁 구도는 이미 드론, 사이버, 인공지능 등 민군 겸용 기술을 바탕으로 안보와 안전과 중첩되는 현상과 맞물려서 더욱 심화될 것으로 예상된다.

우주력 강화 전략 중 하나로 미국은 '우주군의 전투 수행 능력 증진을 위한 파트너십 확대'를 추진하고 있다. 미 국방부는 2020년 6월 〈국방우주전략Defense Space Strategy〉을 통해 우주전략의 목표를 안전하고 안정적이며 접근 가능한 우주 영역으로 명시하면서 동맹국, 우호국 및 민간 영역과의 협력을 강조했다.

국방우주전략에서는 목표를 실현하기 위한 4개 중점 방향을 명시하고 있는데, 우주공간에서의 전방위적 우위 확립, 연합 및 합동 군사작전 내 통합된 우주 군사력 활용, 우호적인 전략적 환경 조성, 동맹국과 민간 산업 분야 및 타 부처와의 협력이 그것이다.

4개 중점 방향 중 명시적으로 군사적 내용이 언급된 두 번째 사항을 제외하면 비군사적 그리고 민간을 비롯한 타 영역과의 협력을 강조하고 있음을 알 수 있다. 그만큼 국가안보와 경제 그리고 기술이 융합되는 우주 영역에서의 전략적 특성이 반영돼, 지·해상 및 공중의 물리적 영역에서 구상했던 전략과는 패러다임 자체가 변화했음을 보여준다.

물론 이러한 협력을 강화하는 데는 국방 예산의 증액이 더 이상 어려워지는 현실적인 원인도 작용하겠지만, 이 같은 상황이 한국과 같은 중견국들에게는 글로벌 우주 협력에 참여할 수 있는 기회의 창이 되기도 한다. NASA가 아르테미스 프로그램 추진을 위해 독자 노선 대신 유럽우주국European Space Agency, ESA을 비롯한 다양한 국가와 국제 협력을 추진하는 것도 같은 맥락에서 이해할 수 있다.

미국이 민간 기업 및 동맹국들과의 협력을 통해 추진하고자 하는 분야는 ① 조기 미사일 탐지 및 경고를 위한 혁신적인 기술, ② 우주 상황 인식, ③ 우주 통신, ④ 우주 시각화, ⑤ 다영역 지휘통제, ⑥ 데이터 마이닝, ⑦ 전자기환경 내 군사작전 수행, ⑧ 인공지능, ⑨ 전술 대응 위성 발사 시스템, ⑩ 우주 수송, ⑪ 주요 우주 자산 보호의 11개 분야다.[1] 이러한 미 우주군 기술 수요는 민간 우주산업 성장의 자양분과도 같은 역할을 하고 있다는 점에서 주목할 만하다.

새로운 파트너십과
인재 양성 프로그램

•

이러한 패러다임의 변화는 민군 협력에서 가장 두드러진다. 2021년 3월, 미 국방성의 스타트업을 비롯한 중소기업 관련 전반 업무를 담당하는 중소기업프로그램국OSBP과 미 국방부 연구·엔지니어링 차관실 내 국가안보 분야 혁신 프로그램을 담당하는 국가안보혁신네트워크NSIN가 업무 협약을 체결하고, 민·관·군·산·학·연의 한 형태인 국가안보혁신과 관련된 국내외 협력 생태계 확장을 위해 서로 힘을 모으기로 했다.

새로운 파트너십은 몇 가지 목적을 가지고 연간 프로그램을 공동으로 추진한다. 첫째, 국가 기술 및 산업 베이스 구축을 위해 첨단 기술 스타트업과 협력할 수 있는 기반에서 행사 및 프로그램 개발에 협력한다. 둘째, 신기술과 관련된 작전 개념을 프로토타입 형태로 제작하고, 이렇게 제작한 기술 및 서비스 프로토타입을 국방 획득 프로그램 및 전력화로 신속하게 전환하도록 노력한다. 셋째, 미 국방부와 국가안보 분야의 혁신과 관련해 연구하는 대학교, 민간 기업, 액셀러레이터, 인큐베이터 및 비영리 단체 간의 파트너십을 지원한다. 마지막으로 민간 첨단 기술에 대한 시장 조사, 민간 투자와의 협력 기회 및 민간 기술의 국방 분야 활용에 대한 국방부의 역량을 강화한다.

이러한 협력은 미 국방부가 실리콘밸리 등의 첨단 기술 스타트업과 함께 국가안보 및 기술 산업 베이스를 강화함으로써 군에 필요한 기술과 서비스를 적시에 제공하기 위함이다. 이러한 첨단 기술 스타트업과의 협력은 단순히 미국 내에 머무르지 않는다. 국가의 경계를 떠나 한국, 영국 등 동맹국의 첨단 기술 스타트업과의 협력을 더욱더 강화하고자 노력하고 있는데, 중국과의 기술 경쟁을 고려할 때 미국의 이같은 협력은 더 확대될 것으로 예상된다.

나아가 인재 양성을 위한 프로그램에도 적극적이다. 대표적인 예로 스탠포드대학교의 '해킹4디펜스Hakcing for Defense, H4D'가 있다.

미 국방부가 후원하는 H4D는 약 10주에서 16주 동안 운영되는 대학교 교과목 중 하나로서, 미 국방부 및 정보기관들과 함께 미래 위협과 국가안보 도전 과제에 대해 토의하고 연구하는 프로그램이다. H4D에 참여하는 학생들은 미 국방부 및 정보기관이 맞닥뜨린 실제 국가안보 문제를 접하게 된다. 학생들은 팀을 구성하여 린 스타트업 방식Lean Startup principles(완전한 제품을 출시하느라 시간과 자원을 허비하기보다는 시장의 평가를 빠르게 수집하여 문제점을 반복적으로 보완하고 역량을 축적하는 경영 전략)을 바탕으로 국가안보 문제에 대한 창의적인 해결책을 발전시킨다. 수업에서 학생들은 약 100명 이상의 군 관계자와 전문가들과 함께 고민하고 연구하게 되며, 이를 통해 도출한 최소한의 적용 가능한 제품이나 서비스Minimally Viable Product, MVP를 학기 말에 미 국방부 관계자들 앞에서 발표하는 기회를 갖는다.

학생들의 입장에서는 쉽게 접하기 어려운 국가안보의 실질적인 문제에 대해 고민할 기회를 얻게 되고, 미 국방부 및 정보기관의 입장에서는 우수한 학생들의 창의적인 솔루션을 국방에 적용할 수 있는 계기를 마련한다는 장점이 있다. 또한, 이러한 프로그램에 참여한 학생 중에는 졸업 후 진로를 국가안보 분야로 정하는 경우도 많다. 특히 사업성이 뛰어난 아이디어의 경우 기업에서 스카우트하거나 실제 제품으로 개발되기도 하는 등 실질적인 군, 산업 및 학계의 협력이 눈에 띈다. 2021년 7월 기준 각 국방 및 정보기관에서 제출한 과제는 총 359건으로, 미국 전역의 31개 대학교가 참여하고 있으며 학생들이 제출한 아이디어 중 총 18개의 프로젝트가 실제 펀

우주산업의 로켓에 올라타라

HACKING for DEFENSE®

The Nation's Brightest Minds Tackling Your Toughest Problems

출처: H4D

가장 잘 알려진 H4D 프로그램 참여 대학은 스탠포드대학교다. 린 스타트업의 기반이 된 고객 개발 방법론의 창시자로 잘 알려진 스티브 블랭크Steve Blank 교수는 스탠포드대학교 H4D 프로그램을 통해 군과 학생이 서로 소통하면서 국가안보 문제에 대한 더 나은 해결책을 모색할 수 있다고 강조한 바 있다.

딩으로 이어졌다. 이를 통해 총 9개의 스타트업이 창업되는 성과를 보여주고 있기도 하다.

H4D 프로그램이 국방정책과 군사전략적인 분야에서 스타트업 방식을 도입하여 인재를 양성하는 데 초점이 맞춰져 있다면, 미 국방부와 MIT가 함께 만들고 있는 온라인 프로그램은 보다 제조 분야에 중점을 두고 있다. 지난 10년간 미 국방부는 적층 제조, 로봇 공학, 광전자 공학, 기능성 원단 및 바이오 제조와 같은 분야에서 미국 제조산업의 발전을 위해 9개의 민관제조기관을 출범시킨 바 있다.

이 기관들의 임무 중 중요한 부분은 온라인 학습을 통한 인재 개발 및 양성이다. 이를 위해 미 국방부는 MIT의 '제조 분야의 지식과 혁신을 위한 이니셔티브Initiative for Knowledge and Innovation in Manufacturing, IKIM'를 통해 미 국방부의 9개 기관과 대규모 첨단 기술 커뮤니티를 위한 오픈형 edX(미국 명문 대학의 인기 강의를 무료로 제공하는 플랫폼)를 구축하고자 한다.

미 국방부는 이러한 온라인 학습 플랫폼을 통해 대학교 학사과정은 물론 초등학교 과정까지 전 학년, 전 교육과정을 포함하는 교육 프로그램을 계획하고 있다. 특히 대학 진학을 원치 않는 학생들을 위해 기술자용 온라인 교육 프로그램 또한 만들 계획이다. 이러한 사례들은 국가안보와 미래 우주산업의 접점에서 차세대 리더들을 양성해야 하는 한국에게 좋은 본보기가 될 뿐만 아니라, 한·미 동맹을 기반으로 국제적인 인재를 양성할 기회를 제공해줄 것이다.

02

중국의
우주 굴기

**후발주자의 반격이
시작되다**

중국은 2020년 첫 화성 탐사선 톈원天問 1호를 화성 궤도에 진입시
킴과 동시에 양자암호통신을 이용해 고도 4,600km에 걸쳐 유·무선
으로 신호를 주고받는 데 성공했다고 밝혔다. 베이징에서 상하이에
이르는 2,000km 구간에 백본Backbone(대규모 전송 회선)에 해당하는
거점 도시 32곳을 유선망으로 연결해 양자암호통신에 성공했을 뿐
만 아니라, 2016년에 쏘아 올린 양자통신 위성 무쯔墨子를 이용해 싱
룽과 난산을 잇는 2,600km 무선 양자암호통신에도 성공한 것이다.

화성에 안착한 탐사로봇 '주룽祝融'의 렌더링 이미지. 2021년 5월 15일 중국의 화상 탐사선 톈원이 미국과 러시아에 이어 세 번째로 화성 착륙에 성공했다. 중국 남부 하이난성 원창 기지에서 발사된 지 295일 만이었다. 이로써 중국의 우주 패권 도전에 속도가 붙었다는 평이 나온다.

해킹이 불가능한 것으로 알려진 양자암호통신은 그만큼 보안성이 뛰어나 미래 통신 기술로 손꼽힌다. 이번 중국의 양자암호통신 사례는 베이징, 지난, 허페이, 상하이 등 4개 거점 도시에서 각각 뻗어 나온 도시별 유선망까지 포함하면 총 700개 노드Node(통신망의 분기점이나 단말기의 접속점)를 연결해 해킹 위협 없이 통신하는 데 성공한 셈이라 그 의미가 깊다.

또 다른 성과로는 2020년 11월 중국 주취안 위성발사센터에서 발사된 세레스 1호 운반 로켓을 들 수 있다. 이 로켓은 길이가 약 19m밖에 안 되지만 지구 저궤도에 350kg 중량의 탑재체를 실어 나를 수 있다. 중국 중앙방송총국CMG을 비롯한 중국의 언론매체는 세

우주산업의 로켓에 올라타라

레스 1호 로켓에 실린 텐치天啟 성좌 11 위성이 예정된 궤도에 순조롭게 진입했다고 전했다.

민간 기업 갤럭틱 에너지에서 이뤄낸 세레스 1호의 발사 성공은 중국의 우주산업 발전에 있어 전환점과도 같다. 미국을 세계 최고의 우주 강국 자리에서 몰아내려는 중국의 도전에 있어 민간 영역이 점차 중요한 역할을 차지하고 있음을 보여주는 사례이기 때문이다.

또한 세레스 1호는 마이크로 위성 및 소형 위성의 근거리 궤도 발사 수요를 보다 저렴한 비용으로 충족시킬 수 있는 가능성을 활짝 열었다는 점에서 중요하다. 이번 발사로 텐치 성좌 11 위성은 우주에서 각종 데이터를 수집한 후 이를 전송하는 서비스를 제공하는 데 이용될 것으로 알려졌다.

이러한 일련의 노력을 바탕으로 중국은 군사적으로 우주 분야에 있어서 정찰, 정보 위성, 적 위성을 겨냥한 지상 미사일, 위성 신호 송수신 체계 교란을 위한 전자파 무기, 적 우주 무기 체계에 대한 사이버 공격 능력, 궤도 위협 수단, 대 우주 기반 무기를 포함한 다양한 대응 능력을 개발하고 있다. 중국은 이미 러시아를 넘어 세계에서 두 번째로 많은 위성을 보유한 국가로 발돋움하였고, 2021년 현재 총 100여 개가 넘는 군용 위성을 운용 중이다.

앞으로 우주개발 경쟁을 말할 때, 그 경쟁은 미국과 중국 사이의 경쟁을 의미할 것이다. 중국의 성장하는 우주산업은 과거와 같이 국가의 명성과 위신에 주안점을 두기보다 미국 및 유럽의 우주 선진국과 같이 우주 발사 비용을 낮추고 이를 통해 경제적 이익을 얻고

출처: 갤럭틱 에너지

갤럭틱 에너지의 세레스 1호 발사 성공은 중국의 우주산업 발전에 있어 전환점으로 평가받는다. 로켓 개발 및 발사 서비스를 주력 사업으로 하는 갤럭틱 에너지는 2018년 2월에 설립된 신생 벤처기업으로 2020년 기준 직원 수는 100여 명 수준으로 알려져 있다.

자 한다. 이를 위해 민군융합의 큰 틀에서 민간과의 협력을 강화하는 방식으로 우주개발을 추진하고 있다. 그와 동시에 우주 분야에 있어 중국 정부의 위상을 높이고 국제적 영향력을 강화해 궁극적으로 우주 군사력을 건설하는 방향으로 나아갈 것이다.

우주 굴기의
핵심 전략은

•

우주 분야에서 중국은 후발주자다. 예컨대 미국이 1976년 이후 9차

우주산업의 로켓에 올라타라

례 화성 착륙에 성공한 것과 비교하면 중국은 2021년이 돼서야 화성 착륙에 처음으로 성공했다. 그러나 그 발전 속도는 무서울 정도로 빠르다.

미국을 따라잡기 위한 중국의 우주 굴기는 2013년 시진핑 국가 주석이 취임한 이래 우주 영역에서의 군사, 과학기술 그리고 국제 및 민간 분야의 우주 협력이라는 세 가지 영역을 긴밀하게 연계하는 전략을 취하면서 보다 가속화됐다.

첫째, 군사적인 측면에서 〈2015 중국의 군사전략中國的軍事戰略〉 백서는 "우주공간이 전략 경쟁의 핵심이 됐다"라고 평가하고 "우주공간에서의 안보 위협과 도전에 적극적으로 대응하는 한편, 경제와 사회의 발전을 위해 중국의 우주 자산을 보존할 것"을 밝힌 바 있다.

이러한 군사전략을 바탕으로 중국은 2015년 12월 중국군 지휘체계 개혁에 따라 '중국인민해방군 전략지원부대'를 창설했다. 이는 기존에 각 군에 흩어져 있던 전자전, 사이버전, 우주전 부대를 통합한 것이다. 21세기에 들어서서 사이버와 우주공간이 새로운 전장으로 부각되자 이 전장의 중요성을 알아본 중국이 미국의 우주군에 한발 앞서 발족한 차세대 군종이다. 이미 시진핑 지도부는 2049년까지 중국군을 방어에 주력하는 군대가 아닌 어떠한 전쟁에서도 싸워서 이길 수 있는 세계 일류 군대로 육성시킨다는 강군몽強軍夢 전략을 제시한 바 있다.

둘째, 과학기술의 측면에서 2019년 1월에는 달 탐사선 창어嫦娥 4호가 인류 최초로 달 뒷면에 착륙했고, 이어 탐사 로봇 위투玉兎

2호는 통신 중계 위성을 통해 달 뒷면 관측 자료를 지구로 전송하는 데 성공했다. 2020년 7월에는 중국이 자체 개발한 위성 항법 시스템인 베이더우Beidou 구축에 성공했다. 이는 59개의 위성을 발사한 끝에 완성된 시스템으로, 중국은 미국(GPS)과 러시아(글로나스), 유럽연합(갈릴레오)에 이어 세계에서 네 번째로 독자적인 위성 항법 시스템을 갖추게 됐다. 베이더우의 위치 결정 정확도는 10m, 속도 측정 정확도는 0.2m/s로 알려져 있다. 이미 전 세계 200여 개 국가를 커버하며, 약 1억 명 이상의 이용자에게 매일 2억 회의 서비스를 제공하고 있다.[2]

앞서 소개한 무인 화성 탐사선 톈원 1호는 화성 궤도 진입과 착륙, 지표면 탐사를 단 한 차례의 시도로 모두 성공한 세계 최초의 사례이기도 하다. 그리고 최근 2021년 4월에는 중국의 독자적인 우주정거장 건설을 위한 핵심 모듈 톈허天和를, 6월에는 유인 우주선 선저우神舟 12호를 발사하는 데 성공했다. 그야말로 무서운 속도로 미국을 추격하는 모습이다.

이러한 과정에서 중국국가항천국CNSA은 2021년 6월, 러시아 연방우주공사(로스코스모스Roskosmos)와 2035년까지 달에 '국제달연구기지ILRS'를 공동으로 건설한다는 양해각서를 체결했다. 러시아와 손을 잡으면서 더욱 탄력 받기 시작한 중국의 우주 굴기는 글로벌 우주 패권을 두고 서방국가 주축인 미국 진영과 본격적으로 대립할 것으로 보인다.

시진핑 주석은 취임 직후 1년 만인 2014년부터 미국의 우주개발

우주산업의 로켓에 올라타라

중국의 연도별 설립된 우주 기업 수

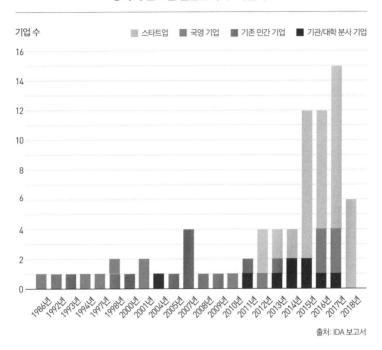

기업 수

■ 스타트업 ■ 국영 기업 ■ 기존 민간 기업 ■ 기관/대학 분사 기업

출처: IDA 보고서

에 대응하기 위해 우주산업을 혁신이 필요한 핵심 분야로 지정하고 민간 자본의 투자를 허용하기 시작했다. 2014년 '문서 60Document 60'이라는 정책 지침을 발표하면서 우주산업 참여에 관심 있는 기업에 대한 대규모 민간 투자가 가능하도록 했고, 그 후로 중국 내 순수 민간 자본으로 설립되거나 국영기업 또는 대학의 자회사 형태로 설립된 영리 목적의 우주 관련 회사가 빠르게 성장하게 됐다. 그동안의 우주산업과 기술 개발은 중국항공우주과학산업공사CASIC와 중국항공우주과학기술공사CASC 등의 기관을 중심으로 이뤄졌으나 최근

에는 스타트업들이 그 중심에 있다.

2016년 7월 발표한 중국의 '제13차 5개년 계획'에서는 종합적인 우주 기술 강화를 목표 중 하나로 포함했으며, 이에 따라 인공위성, 우주 탐사, 화성 탐사, 지구 관측, 우주선, 중량 로켓 관련 기술을 집중적으로 육성하고 있다. 여기서 핵심은 민군융합에 있으며 민군 겸용 기술의 개발을 강조해 우주산업을 현대화하고, 이를 통해 군사력과 경제를 동시에 발전시킬 수 있음을 밝히고 있다.

미국국방연구원Institute for Defense Analyses, IDA의 최근 보고서에 따르면 2019년 말 기준 중국에는 약 80여 개의 우주 관련 회사가 있다. 이 중 약 22개의 업체가 인공위성 본체와 부품 제작을, 21개의 업체가 발사체 제작을, 19개 업체가 위성 데이터를 포함한 원격탐사 자료 분석과 관련된 사업을 하고 있다. 크게 인공위성과 발사체 제작이라는 2개의 축으로 구성된 구조다. 이 중 절반 이상은 2014년 이후 설립된 신생 기업이다.

한편 우주 기업 육성에 있어 중국 또한 미국이 제시한 청사진과 동일한 방향을 따르고 있다. 즉, 정부 계약과 보조금을 이용해 이들 기업에 힘을 실어주는 전략이다. 글로벌 테크 미디어《MIT 테크놀로지 리뷰》에 따르면 중국 우주 기업 대부분의 본사는 수도인 베이징에 위치했지만, 생산 시설은 선전이나 충칭 같은 상대적으로 개발이 덜 된 지역에 있다.

통상 이들 기업은 해당 지역 출신자나 지역 소재 대학 졸업자를 채용하는 대가로 지방 정부로부터 유무형의 혜택을 받는다고 한다.

우주산업의 로켓에 올라타라

중국의 우주개발 역사

목적	명칭	시기	특징
화성 탐사	텐원 1호	2021.05	• 세계 세 번째로 화성 착륙 성공 • 세계 최초로 궤도선, 탐사선, 로버 동시 임무
달 탐사	창어 4호	2019.01	• 세계 최초로 달 뒷면 착륙
달 탐사	창어 5호	2020.12	• 세계 세 번째로 달 표면 샘플 채취
우주정거장 건설	톈허	2021.04	• 중국 독자 우주정거장 톈궁天宫의 핵심 모듈 발사 성공 • 2024년 국제우주정거장 폐쇄 시 세계 유일
전파 망원경	톈옌	2020.01	• 세계 최대 규모의 전파 망원경(500m 구경)
양자통신 위성	무쯔	2016.08	• 2,600km 무선 양자암호통신 성공

IDA 보고서에 따르면 베이징을 제외하고 가장 많은 우주 기업 관련 시설들이 있는 곳은 중국 남부에 위치한 선전과 광저우 그리고 주하이다. 그다음으로 우한과 창사에 많이 있으며 청두와 난징, 상하이, 항저우, 닝보, 창춘 등에도 있다. 미국이 국가안보혁신과 관련된 국내외 협력 생태계 확장을 위해 다양한 민·관·군·산·학·연 협력을 추진하는 것과 마찬가지로 중국 역시 우주 클러스터 조성에 한창인 것으로 보인다.

중국의 벤처캐피털 또한 이러한 민간 우주 기업에 대한 본격적인 투자를 실행할 것으로 예상된다. 중국은 '14.5 계획(2021년부터 2025년까지 5년간의 중국 경제·사회의 발전 방향성을 제시하는 국민경제 및 사회발전 제14차 5개년 계획)'을 통해 국가 전략 과학기술과 전략 신흥 산업을 선정했는데, 이러한 정부 정책에 따라 많은 벤처캐피털 투자자들이 투자 방향을 설정할 것으로 기대되기 때문이다.

특히 미국이 견제하는 '중국제조 2025中國製造 2025(2015년 중국 국무원이 제조업 활성화를 목표로 발표한 산업 고도화 전략)'와 유사한 '9대 전략적 신흥 산업'에는 차세대 정보 기술, 바이오 기술, 신재생 에너지, 신소재, 첨단설비, 신에너지 자동차, 환경보호, 우주항공, 해양 설비 등이 포함돼 있다. 이러한 분야는 쌍순환雙循環 전략(내수 중심의 자립화 경제인 국내 대순환을 기반으로 국제무역, 즉 국제 대순환을 확대하는 정책) 추진에 따라 내수 시장의 확대와 관련해 중국의 민간 우주산업의 성장 가능성을 예상케 하는 대목이다.[3]

우주산업의 로켓에 올라타라

4부

✦

미래의 부는
우주에 있다

01

관광에서 위성까지 우주산업 르네상스

우주산업,
첨단 기술과 손잡다

2021년 7월 11일, 영국의 억만장자 리처드 브랜슨 버진그룹 회장이 버진갤럭틱의 우주선을 타고 우주 비행에 성공하면서 민간 우주 관광 시대의 문을 활짝 열었다. 곧이어 7월 20일, 아마존 CEO 제프 베이조스가 만든 블루오리진이 우주로 향했고, 9월 15일 테슬라의 일론 머스크가 이끄는 스페이스X도 최초의 민간 우주 비행에 성공했다. 민간인들로만 구성된 우주 탐사대가 궤도 비행에 도전한 첫 사례였다. 10년 뒤인 2030년엔 우주 관광 시장의 규모가 40억 달러(약

생산성 증가 및 새로운 기술 역량으로 변화하고 있는 우주산업

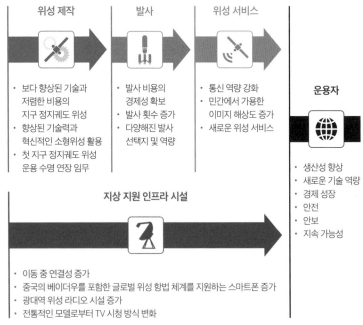

위성 제작	발사	위성 서비스	운용자
• 보다 향상된 기술과 저렴한 비용의 지구 정지궤도 위성 • 향상된 기술력과 혁신적인 소형위성 활용 • 첫 지구 정지궤도 위성 운용 수명 연장 임무	• 발사 비용의 경제성 확보 • 발사 횟수 증가 • 다양해진 발사 선택지 및 역량	• 통신 역량 강화 • 민간에서 가용한 이미지 해상도 증가 • 새로운 위성 서비스	• 생산성 향상 • 새로운 기술 역량 • 경제 성장 • 안전 • 안보 • 지속 가능성

지상 지원 인프라 시설

• 이동 중 연결성 증가
• 중국의 베이더우를 포함한 글로벌 위성 항법 체계를 지원하는 스마트폰 증가
• 광대역 위성 라디오 시설 증가
• 전통적인 모델로부터 TV 시청 방식 변화

출처: SIA

4조 6,000억 원)에 달할 것이라는 전망도 나온다.[1]

전 세계적으로 우주산업에 대한 관심이 높아지고 있다. 뉴 스페이스 시대 4차 산업혁명 기술과 융합되고 있는 우주산업은 위성과 발사체를 생산하는 '업스트림upstream' 분야와 위성 영상 및 통신 서비스를 제공하는 '다운스트림downstream' 분야로 구분할 수 있다.[2] 우주 발사체의 가격 경쟁력이 확보됨에 따라 인공지능, 빅데이터, 클라우드 등 첨단 기술과 결합한 새로운 다운스트림 산업과 서비스가

우주산업의 로켓에 올라타라

창출되는 시기가 도래한 것이다.

특히 우주산업 중 군의 수요 증가와 함께 미래 부가가치가 더욱 높아질 것으로 기대되는 영역으로는 업스트림 분야에서의 우주항공 모빌리티 산업이 있다. 여기에는 2024년경 도시 권역에서 상용화될 것으로 예상되는 도심항공 모빌리티도 포함된다. 다운스트림 분야에서는 우주 인터넷과 위성 항법 시스템, 그리고 인공위성 발사와 같이 우주로 향하는 물질의 급격한 증가로 그 중요성이 더욱 커지고 있는 우주 쓰레기 처리 등이 주목받고 있다.

미국 워싱턴에 있는 위성산업협회Satellite Industry Association, SIA가 발표한 〈2020 위성 산업 현황 보고서2020 State of the Satellite Industry Report, SSIR〉에 따르면 2019년 기준 글로벌 우주경제의 규모는

우주경제에서의 위성 산업

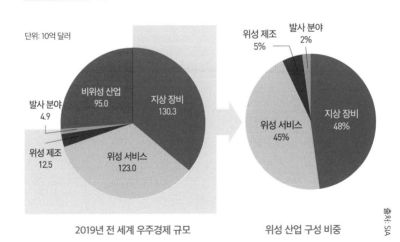

단위: 10억 달러

비위성 산업 95.0
지상 장비 130.3
발사 분야 4.9
위성 제조 12.5
위성 서비스 123.0

위성 제조 5%
발사 분야 2%
지상 장비 48%
위성 서비스 45%

2019년 전 세계 우주경제 규모   위성 산업 구성 비중

출처: SIA

3,660억 달러(약 421조 원) 수준이다. 세부적으로는 지상 장비(네트워크 장비, 소비 제품)가 1,303억 달러, 위성 서비스(전기통신, 원격탐사, 과학, 국가안보)가 1,230억 달러, 비위성 산업(정부 우주 예산, 상업 유인 우주 비행)이 950억 달러, 위성 제조가 125억 달러, 발사 분야가 49억 달러 순이다.

여기서 위성과 관련된 산업만 분리해보면 그 규모는 약 2,710억 달러로 전체 우주경제의 74%를 차지한다. 그중에서도 위성 서비스 영역과 지상 장비의 비중이 위성 관련 산업의 90% 이상을 차지하며, 이에 반해 위성 제조와 발사 분야는 약 7% 수준이다. 4차 산업 혁명 기술과 융합된 서비스 분야가 확장하는 흐름에 따라 향후에도 이러한 경향이 지속될 것으로 예상된다.

일단 우주개발의 경제성과 안정성이 확보되면 이를 바탕으로 보다 다양한 비즈니스 모델이 나올 것이다. 미래의 부를 책임질 우주 산업의 발전이 더욱더 기대되는 이유다.

02

우주시대 다운스트림 산업의 기반

우주항공 모빌리티

차세대 먹거리,
UAM

●

우주산업의 대표적인 업스트림 분야라고 할 수 있는 우주항공 모빌리티 기술은 도시와 도시, 지구와 우주 그리고 우주공간에 떠 있는 다양한 물체와 우주정거장을 잇고, 관리하는 기술을 의미한다. 여기에는 발사체 제작 관련 기술뿐만 아니라 서비스, 지상 장비 및 지상 관제 시스템 등을 모두 포함된다. 우주산업이 확대될수록 다운스트림 우주산업과 서비스의 기반이 되는 우주항공 모빌리티 기술의 수요 또한 계속 증가할 것으로 보인다. 이중 도심항공 모빌리티Urban

Air Mobility, UAM는 이미 차세대 먹거리로 부상하고 있다.

UAM은 도시 권역을 수직이착륙Vertical Take-Off and Landing, VTOL하는 개인용 비행체Personal Air Vehicle, PAV로 이동하는 공중 교통 체계를 의미한다. 여기서 수직이착륙이란 헬기와 같이 공중에서 정지하거나 활주로 없이 뜨고 내릴 수 있는, 즉 수직으로 이착륙하는 비행체를 말한다. 한편 개인용 비행체란 2003년 NASA가 일반인이 운전면허만으로 운전할 수 있는 PAV 개발 프로젝트를 추진하면서 처음 등장한 용어다. 쉽게 말해서 자동차와 헬기 또는 비행기의 장점을 ICT 기술로 융합한 미래 운송 수단을 아우르는 개념이라고 할 수 있다.[3]

이러한 개념들은 기술 개발 트렌드와 기술 수준에 따라 지속적으로 변화하며 발전해왔다. 전 세계적으로 급격한 도시화에 따른 교통 혼잡, 환경오염 및 소음 공해 등의 문제가 대두되자 이를 해결하고자 더 나은 교통 체계 개념이 제안되고 만들어지고 있는 것이다.

이러한 도심항공 모빌리티는 크게 미래형 교통수단, 친환경 교통수단, 첨단 기술의 집약체라는 세 가지 측면에서 기존의 교통수단과의 차별성을 가진다.[4]

첫째, 미래형 교통수단의 측면에서 별도 활주로가 없어도 최소한의 공간만 확보되면 운용이 가능해, 도로 혼잡을 줄여줄 수 있는 3차원의 미래형 도시 교통수단이라는 점이다. 기존의 도로, 철도 및 개인 모빌리티와 연계한 교통 서비스로 향후 스마트 시티의 중요한 교통수단으로 자리 잡을 것으로 보인다.

둘째, 친환경 교통수단의 측면에서 전기 동력을 사용하여 탄소 배출이 없고 저소음으로 도심에서도 운항이 가능하기 때문에, 최근 코로나19나 지구온난화 등으로 관심이 고조되고 있는 그린 정책과 결을 같이 한다. 특히 세계적 추세인 저탄소 정책을 위해서는 교통수단의 탄소배출을 줄이는 것이 필수적이므로, 친환경 교통수단으로서 UAM에 대한 관심은 더욱더 높아지리라 예상된다.

셋째, UAM은 소재, 배터리, 제어, 항법 등 하드웨어와 소프트웨어 측면 모두에서 첨단 기술이 요구되는 고사양의 교통수단이라는 점이다. 특히 수직이착륙하기 위해 요구되는 전기동력, 분산전기추진 기술Distributed Electric Propulsion, DEP(바람개비 형태의 '로터'를 제각각 통제하는 기술로, 로터가 일부 파손돼도 추락 위험 없이 목적지까지 도착할 수 있도록 하여 안전성을 확보하는 UAM의 핵심 기술) 등 UAM 제반 기술에 대한 연구·개발이 한창이다. 나아가 관련 분야에 대한 투자 확대로 인해 과거 설계 수준에 머물렀던 UAM은 그 실현 가능성이 크게 증가하고 있다.

모건스탠리는 전 세계 UAM 시장이 2020년 70억 달러(약 8조 500억 원) 규모에서 2040년에는 1조 4,740억 달러(약 1,695조 원) 규모로 성장할 것이라고 내다봤다(UAM 산업으로 파생되는 관련 시장 규모까지 포함). UAM이 가장 크게 영향을 끼칠 시장으로는 여행 산업을 주목하고 있는데, 2040년 여행 산업의 시장 규모는 8,510억 달러(약 979조 원) 수준으로 예측된다. 두 번째는 4,130억 달러(약 475조 원)의 화물 운송 시장이며, 이어서 배터리 및 자율주행 제어 솔루션 시장과 군사 및 국방 분야에서도 각각 1,980억 달러(약 228조 원)와

글로벌 UAM 시장 전망

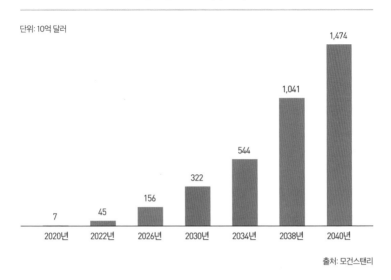

단위: 10억 달러

- 2020년: 7
- 2022년: 45
- 2026년: 156
- 2030년: 322
- 2034년: 544
- 2038년: 1,041
- 2040년: 1,474

출처: 모건스탠리

120억 달러(약 14조 원)의 경제적 효과가 창출될 것으로 전망하고 있다. 이는 연평균 성장률CAGR로만 약 30%의 수준이다.

UAM 사업은 크게 ① 기체·부품 제작, ② 항행·교통 관리, ③ 버티포트Vertiport(UAM의 탑승 및 운영 시설) 등 인프라 구축 및 운영, ④ 승객·화물 운송 서비스의 네 가지 분야로 나뉜다. 국토교통부가 인용한 기술정책 컨설팅사 전략컨설팅집현의 자료에 따르면, 2040년 UAM 시장에서 비행체 비중은 9%에 불과한 데 반해 서비스(75%)와 인프라(16%) 영역의 비중은 더욱 커질 것으로 전망된다. 현재 많은 기업이 기체 개발에 투자를 진행해 해당 영역이 급속하게 성장하고 있으며, 2024~2025년 전후 본격적인 기체 상용화가 이뤄지면 이후

우주산업의 로켓에 올라타라

에는 서비스와 인프라 영역으로 시장이 확장되는 것이다.[5]

높은 성장이 예상되는 만큼 UAM 사업에 뛰어든 기업만 전 세계에 300개가 넘는다. 미국의 보잉, 프랑스 에어버스Airbus 등 항공 기술을 보유한 항공업계는 물론 현대자동차, 토요타, 폭스바겐, GM 등 대량생산 기술을 보유한 완성차 업체를 비롯해 한화시스템, LIG 넥스원, 한국항공우주산업KAI 등 방산 기업들까지 앞다투어 진출하고 있다.

도시화 문제의
해결책

•

UAM 시장의 급격한 성장이 예견되는 배경에는 점점 심화되는 메가시티화 현상이 있다. 메가시티Megacity란 일반적으로 인구가 1,000만 명이 넘는 대도시를 가리키는데, 서울은 2016년 기준 세계 5위(2,560만 명, 각 도시의 생활권 인구까지 포함)의 메가시티다. 유엔 경제사회부의 자료 〈세계 도시 전망 2018World Urban Prospect 2018〉에 따르면 2018년을 기준으로 전 세계의 메가시티는 37곳이며, 2030년까지 산티아고, 루안다, 난징 등 10곳이 더 추가될 예정이다.

미국 상위 15개 대도시에서는 매년 46억 시간이 교통 정체로 허비되고, 자동차를 비롯한 이동 수단에서 발생하는 이산화탄소의 양은 전체 이산화탄소 배출량의 약 30%를 차지한다. 특히 2050년경에는 전 세계 인구 중 약 70%가 도시에 거주하게 되면서 이러한 경향은 더욱 심화될 것으로 전망된다.

UAM은 이러한 도시화 문제의 해결책으로 주목받고 있다. UAM 선도 기업 우버는 개인용 항공기를 이용하면, 샌프란시스코 마리나에서 산호세 중심가까지 걸리는 시간을 약 120분(자동차 기준)에서 15분으로 획기적으로 단축할 수 있으며, 장기적으로는 개인용 항공기의 이용 비용도 점차 저렴해질 것으로 예상했다.

보잉 또한 UAM으로 출퇴근 시간이 90분 이상 소요되는 도시의 교통 정체를 약 25%가량 완화할 수 있다고 발표했으며, 한국항공우주연구원KARI은 UAM을 이용하면 서울 시내 평균 이동 시간이 기존 자동차를 탈 때보다 70% 이상 짧아지리라 전망한 바 있다.

2019년 7월 국내 기업 중 처음으로 UAM 시장에 진출한 한화시스템은 미국의 오버에어Overair와 함께 개발 중인 버터플라이Butterfly 기체를 통해 서울 강남에서 인천공항까지 약 20분(최고 시속 320km)만에 이동할 수 있다고 소개했다.

UAM이 차세대 모빌리티 기술로 손꼽히는 이유는 이렇듯 도시 교통 인프라의 기능을 담당하면서, 이동의 편리성을 증대시킬 수 있는 대안이기 때문이다. UAM이 더 활발히 활용되면, 육상 운송으로 포화 상태에 있던 기존의 도로나 주차장 면적의 20%를 지금과는 전혀 다른 목적으로 활용할 수도 있다. 나아가 전 세계적인 탄소 중립의 흐름에 발맞춰 에너지원으로 전기를 사용하도록 개발 중이므로 친환경 자동차와 공존하며 탄소 배출을 절감하고, 도시의 공기 질이 개선되는 환경적 효과도 기대할 수 있다.

국방을 위해
날다

●

메가시티화로 인해 미래에는 도시에서의 군사작전 수요가 증가할 것으로 보인다. 도시 지역 내 작전 환경에 전투력을 신속하게 투입하기 위해서는 기동 능력을 혁신적으로 향상시킨 이동 수단이 필수적이다. 군사적으로도 UAM에 대한 수요가 증가하리라 예상하는 이유다. 이미 미국을 비롯한 주요 국가에서는 이러한 UAM의 군사적 활용을 고민하고 있다.

글로벌 선도 기업으로는 UAM 업계의 테슬라로 불리는 미국의 조비 에비에이션Joby Aviation이 있다. 조비 에비에이션은 2020년 12월 미 공군으로부터 감항 인증(항공기가 비행하기에 적합한지 안전성과 신뢰성을 검증, 판단하는 것)을 획득하면서, 성공적으로 기체 개발을 진행하고 있다. 스타트업인 조비 에비에이션은 2021년 8월 스팩SPAC(기업 인수 합병 특수법인) 합병을 통해 뉴욕증권거래소New York Stock Exchange, NYSE 상장까지 마치면서 UAM 개발에 보다 박차를 가할 것으로 보인다.

조비 에비에이션이 UAM 시장에서 주목을 받게 된 것은 2020년 12월 우버 엘리베이트Uber Elevate(우버의 UAM 사업부)를 인수한 후 미 공군에 운송 수단을 제공하는 최초의 eVTOL(전기 수직이착륙기)로 선정되면서, 즉 플라잉카를 국방에 적용하면서부터다.

미 공군은 eVTOL 기술 개발을 가속하여 군이 eVTOL에 보다 신속하게 접근할 수 있도록 '어질리티 프라임Agility Prime'이라는 프로그램을 운용했는데, 이때 조비 에비에이션이 선보이는 기체가 바로 조비 S-4다. S-4는 NASA와 공동개발한 eVTOL의 기초가 되는 분산전기추진 기술과 함께 배터리 열 관리, 항공기 제어, 로터리 에어포일 등 다양한 기술을 접목해 만든 대표적인 PAV 기체다.

조비 에비에이션이 개발한 유인 전기동력기 S-4는 조종사 1명과 승객 4명이 탈 수 있는 크기며, 달걀 모양의 차체 위로 틸트로터 6대가 탑재돼 기존 헬리콥터보다 가볍고 가격도 저렴하다. 조비 에비에이션은 일찍부터 조용한 비행물체를 제작하는 것이 특징인 기업으로 이름나 있어 민간과 국방 분야 모두에서 기대를 모으고 있다.

미 공군의 어질리티 프라임 프로그램은 2019년부터 미 연방항공청FAA과 함께 조비 에비에이션을 비롯한 첨단 기술 스타트업과 군을 연결하면서 민간의 상용기술을 국방에 적용시키는 가교 구실을 해오고 있다. 미 공군의 장기 목표는 미국 우주항공 기업과 스타트업이 미래 글로벌 드론·자율주행 항공 택시 분야에서 시장 점유율을 확보하는 것이다. 현재 글로벌 상업용 드론 분야에서 중국에 우위를 빼앗긴 미국이 UAM 시장만큼은 중국에게 빼앗기지 않겠다는 의지를 나타내는 것으로 보인다. 이는 미군이 앞장서 기술력이 뛰어난 민간 기업과 협력하게 만든 주요인으로 해석된다.

조비 에비에이션은 2024년에 PAV 상용 서비스를 개시할 계획이다. 자체 연구·개발보다는 타사와의 합병이나 정부 기관과의 협력을 통해 사업 범위를 확장하는 추세다. 가장 상용화에 가까운 PAV

주요 스타트업의 eVTOL 개발 동향

기업	기종	특징
미국 조비 에비에이션 Joby Aviation	S-4	• 5인승, 최대 시속 321km, 비행거리 242km • 2020년 12월 미국 공군의 감항 인증 획득(군용) • 2021년 8월 스팩 통해 뉴욕증권거래소 상장 • 2024년 민간 상용 서비스 런칭 계획
독일 릴리움 Lilium	Lilium-Jet	• 5인승, 최대 시속 300km, 비행거리 300km • 2019년 이착륙 시험 운전 성공 • 2025년 에어택시 상용 서비스 런칭 계획
독일 볼로콥터 Volocopter	Volo city	• 2인승, 최대 시속 110km, 1회 충전 비행 35분 • 2019년 싱가포르 시험 비행 • 유럽항공안전청EASA의 상업적 운행허가
중국 이항 EHang	EHang216	• 2인승, 최대 시속 100km, 비행거리 35km • 2020년 1월까지 2,000회 이상 동승 비행 기록 • 서울, 암스테르담, 두바이 등에서 시연 비행 성공 • 미 연방항공청 승인 진행 중

출처: 한국무역협회, 사진: 각 사 홈페이지

개발 업체는 조비 에비에이션을 포함해 중국의 이항EHang, 독일의 볼로콥터Volocopter 등으로 평가되며 이항과 볼로콥터는 다수의 로터를 갖는 멀티로터 방식을, 조비 에비에이션은 틸트형의 일종인 틸트로터 방식을 개발 중이다.

2021년 기준 eVTOL은 약 400여 개 모델이 개발 중이거나 개발 계획 중에 있다. eVTOL 모델들은 한 가지 방식으로 통일되지 않고, 기업마다 틸트로터형, 고정익·회전익 복합형, 멀티로터형 등 다양한 비행 방식(추진 형태)과 크기로 개발된다. 주요 스타트업의 eVTOL 개발 동향은 위의 표와 같다.[6]

UAM 시장에 뛰어든
국내외 기업들

•

글로벌 회계 컨설팅 기업 KPMG 인터내셔널은 2050년까지 UAM이 새로운 이동 수단으로 발전할 가능성이 큰 도시 70곳을 조사했다. 여기에는 뉴욕, 로스앤젤레스, 런던, 파리 등 전통적인 서구권의 대도시와 함께 멕시코시티, 상파울루 등 육상교통의 위성 요소가 있는 도시들도 포함됐다. 그러나 가장 주목해야 할 지역으로는 인구 밀집과 경제 성장, 도로 혼잡도 등을 고려해 서울, 도쿄, 베이징, 상하이, 델리 등 아시아의 메가시티들을 꼽았다. 향후 UAM 산업의 수요를 예측하고 이와 관련한 국내 시장의 성장 가능성을 엿볼 수 있는 대목이다.

최근에는 기존 항공기 제조업체뿐만 아니라 자동차 제조사 및 IT 업체를 포함하여 다양한 분야의 기업들이 UAM에 투자하거나 협력 체계를 구축하고 있다. 한 예로 토요타는 2020년 조비 에비에이션에 3억 9,000만 달러(약 4,485억 원)를, 그보다 앞선 2017년에는 다임러가 볼로콥터Volocopter에 2,500만 유로(약 350억 원)를 각각 투자했는데, 이처럼 직접 사업에 진출하지 않는 경우에도 UAM 개발 스타트업에 투자함으로써 언제든 UAM 시장으로의 직·간접적 진출 가능성을 열어놓고 있다.

UAM 시장에 뛰어든 국내외 기업으로는 앞서 다임러의 투자를 받은 독일의 스타트업 볼로콥터가 있다. 볼로콥터가 개발 중인 볼

우주산업의 로켓에 올라타라

18개의 로터를 달아 1회 충전으로 35km를 이동할 수 있는 볼로시티. 총 2명이 탑승할 수 있는 볼로시티는 이미 독일, 두바이, 헬싱키, 싱가포르 등에서 유·무인 시험 비행 허가를 받았다.

로시티Volocity는 18개의 로터를 달아 한번 충전으로 35km를 이동할 수 있으며, 시속 110km의 속도로 비행이 가능하다. 볼로콥터는 2021년 7월 유럽항공안전청EASA으로부터 eVTOL 기체 생산조직허가Production Organization Approval, POA를 획득했다.

또 다른 독일 스타트업으로는 뮌헨에 본사를 둔 릴리움Lilium을 꼽을 수 있다. 릴리움은 2025년 에어택시의 상용 비행을 목표로 미국 올란도, 독일의 뒤셀도르프 공항, 쾰른본 공항 등에 에어택시 승강장을 건설해 도심 교통망을 구축하겠다는 계획을 발표했다. 릴리움의 5인승 제트기의 경우 시속 300km로 날 수 있으며, 36개의 전기 엔진, 수직이착륙 기능, 수평 비행 등이 특징이다. 테슬라의 초기 투자자였던 영국 투자 업계의 큰손 베일리 기퍼드Baillie Gifford, 중국의 텐센트, 영국 벤처캐피털 아토미코Atomico 등이 약 4,000억 원을 투자한 바 있다.

국내에서는 현대자동차와 한화, 그리고 대한항공이 UAM 시장
에 뛰어들었다. 향후 자사의 미래 사업에서 3분의 1의 비중을 차지
할 분야로 UAM을 지목한 현대자동차는 2019년 9월 UAM 사업부
를 신설하고 NASA 출신의 신재원 사장을 영입했다. 이어 모빌리티
기업 우버와 전략적 파트너십을 맺고, 2020년 1월 첫 UAM 콘셉트
S-A1을 선보였다. 2021년 말까지 미국 워싱턴DC에 UAM 사업을
전담할 현지법인도 설립할 예정이다.

한화의 경우 방산·ICT 계열사인 한화시스템을 주축으로, 그룹
전 계열사의 우주항공 관련 핵심 기술을 한곳으로 모아 우주산업
전반을 지휘할 TF인 '스페이스 허브'가 UAM 사업을 주도한다. 한

출처: 한화에어로스페이스

한화그룹은 여러 회사에 흩어져 있던 우주산업의 핵심 기술을 한데 모아, 우주산업 전반을 지
휘할 스페이스 허브를 출범했다. 한국형 발사체인 누리호 개발에 참여한 한화에어로스페이스
엔지니어를 주축으로 한화시스템의 통신·영상 장비 전문 인력과 (주)한화의 무기 체계 분야별
전문 인력, 그리고 위성 시스템 개발 회사인 쎄트렉아이 등이 참여한다.

　　　　　　　　　　　　　　　　　우주산업의 로켓에 올라타라

화 UAM 사업의 핵심은 미국의 개인 항공기 기업 오버에어가 보유한 원천 기술이다. 오버에어는 수직이착륙기 전문 업체인 카렘 에어크래프트Karem Aircraft에서 분사한 기업으로 한화시스템은 2020년 1월 오버에어 지분 30%를 취득했다.

한편 대한항공의 경우 기체 제작, 정비 기술과 항공기 운영 경험을 바탕으로 한 항공관제 시스템 역량을 보유하고 있는 것으로 평가된다. 특히 항공관제 시스템은 원격제어를 통해 하늘의 교통 표준을 제시하는 핵심 기술이다. 향후 급성장이 예상되는 항공기 정비Maintenance Repair&Overhaul, MRO＊ 부문과도 시너지를 낼 수 있을 것으로 예상된다.

성공적인 임무 수행의 열쇠, 발사체

●

UAM 외에 우주항공 모빌리티 기술 중 주목받고 있는 분야는 발사체 부문이다. 발사체는 우주에 보내고자 하는 인공위성 등의 탑재체

＊ 항공기 정비란 항공기가 제작사에서 항공사로 인도된 후 이뤄지는 항공기 기체, 엔진, 부품 등에 대한 제반 정비 사업을 말한다. 항공기 정비 사업은 크게 항공기를 정상적으로 운용, 유지하기 위한 정비 사업과 사용 용도를 변경하기 위한 개조 사업으로 구분된다. 국토교통부에 따르면 2019년 기준 국내 MRO 시장 규모는 2조 7,621억 원으로 이중 절반에 해당하는 1조 2,580억 원(45.5%)을 외국 업체에 맡기고 있다.

를 정해진 궤도에 진입시키는 운송 수단을 뜻한다. 발사체의 발사 능력과 발사 중 위성에 작용하는 환경은 위성 설계에 많은 영향을 준다. 발사체의 신뢰도 및 제작 비용은 성공적인 임무 수행의 주요한 요인이라는 점에서 앞으로 성장 가능성이 높다.

발사체는 크기와 로켓의 재사용 여부에 따라 구분할 수 있다. 우선 크기에 따라 발생하는 추력이나 충격량이 다르고 그로 인해 이동 거리나 임무 속도가 달라지므로 발사체의 활용성이 구분된다.

다음으로 로켓의 재사용 여부에 따라 재활용(재생) 발사체와 소모성 발사체로 구분할 수 있다. 과거에는 인공위성이나 화물을 우주로 운반하기 위해서 소모성 발사체를 주로 사용했으나, 발사할 때마다 새로운 발사체를 사용해야 하므로 매우 비경제적이었다. 이러한 면을 극복하기 위해 개발된 것이 재활용 또는 재생 발사체다.

우주산업이 성장하면서 우주발사체의 경제성은 더욱 중요해졌고 이에 따라 발사 비용을 절감하고자 하는 노력이 커지면서 기술이 뛰어난 민간 기업이 우주산업을 이끌어가는 뉴 스페이스 시대의 등장을 촉진하게 됐다. 미국의 스페이스X, 블루오리진, 버진갤럭틱, 유나이티드 론치 얼라이언스, 유럽의 아리안 스페이스Ariane Sapce 등이 대표적인 기업이다.

한 예로, 미국 스페이스X의 발사체 팰컨 9호와 팰컨 헤비Falcon Heavy의 경우 중대형 위성을 궤도에 올리기 위해 선택할 수 있는 가장 저렴하고 신뢰성 높은 발사체로 평가받는다. 현재 미군의 중대형 위성 대부분은 팰컨 발사체를 활용하고 있으며 2020년 한 해에만 총 4차례의 군 위성 발사 임무를 수행했다. 2020년 7월 한국군 최초의 군 전용 통신 위성인 아나시스 2호 발사 역시 스페이스X의 팰컨 9호 로켓에 실려 발사됐다.[7]

그 밖에 최근 인공위성을 비롯한 탑재물의 소형화가 가능해짐에 따라 소형 탑재물을 소형 발사체에 실어 우주로 보냄으로써 발사 비용을 절감하려는 노력도 활성화되고 있다. 소형 탑재물을 우주로 보내는 방법으로는 로켓 시스템을 활용하는 것 외에 공중 발사체Air Launch System나 풍선 발사체와 같은 다른 시스템을 이용하는 방안 등이 연구되고 있다. 소형 발사체를 개발하는 대표적인 기업으로는 로켓 랩Rocket Lab, 버진 올빗Virgin Orbit, 에이비엘 스페이스 시스템ABL Space System 및 렐러티비티 스페이스Relativity Space 등이 있다.

2015년 창업한 렐러티비티 스페이스는 3D 프린팅 기술을 활용하여 소형 발사체 테란Terran 1을 제작하고 있으며, 이미 미 국방부와 NASA, 위성 통신업체 이리듐 커뮤니케이션스Iridium Communications 등과 운송 계약을 체결했다.

이러한 기술력을 인정받아 2021년 6월에는 자산운용사 피델리티Fidelity, 블랙록Blackrock, 헤지펀드 소로반 캐피털Soroban Capital 등으로부터 6억 5,000만 달러(약 7,475억 원)의 투자금을 조달했다. 렐러티비티 스페이스는 투자금을 바탕으로 스페이스X의 주력 로켓인 팰컨 9호에 맞서 2024년까지 테란 R을 출시한다는 계획으로 소형 발사체 분야에서 강자의 자리를 차지하고자 노력하고 있다.[8]

뿐만 아니라 국방혁신단은 미 국방부 우주 시험 프로그램에서 전술 대응 위성 발사 이니셔티브Rapid Agile Launch Initiative, RALI의 발사체 서비스 제공 업체로 렐러티비티 스페이스를 선정했으며, 2023년 발사를 앞두고 있다. RALI는 미 우주군 우주 미사일 시스템 센터가 주관하고 있으며 450~1,200kg의 탑재체를 저궤도 위성에 올릴 수 있는 민간 발사 시스템을 찾고자 기획된 프로그램이다.

혁신의 발판을 마련한
오바마 행정부

●

우주산업의 최선두를 달리고 있는 미국의 경우 군이 민간 부문과의 협력을 통해 관련 분야의 발전을 리드하고 있다. 그러나 미국마저도 현재 수준의 민간 협력은 아주 최근에 일어난 일이다. 우주항공 모빌리티 및 발사체 기술은 막대한 발사 비용이 소요될 뿐만 아니라, 탄도미사일과의 기술적 유사성 등 군사적 성격이 짙어 그간 정부 기관 혹은 정부의 지원을 받는 소수의 방산 기업만이 관여할 수 있었기 때문이다.

하지만 2010년 미국 오바마 행정부는 막대한 비용이 소요되는 우주개발 프로그램을 개혁하기 위해 우주정책의 일대 전환을 결정했다. 국제우주정거장과 지상 사이의 우주인 및 화물 운송을 민간 기업에 맡기기로 한 것이다. 지구와 달 사이 정도의 거리에 있는 우주 프로그램은 민간에 맡기고, 그 이상의 심우주 탐사는 NASA가 담당하기로 했다. 오바마 행정부의 이러한 결단은 미국 우주정책의 혁

우주산업의 로켓에 올라타라

2010년 버락 오바마 미국 전 대통령과 일론 머스크가 스페이스X를 견학하고 있는 모습. 오바마 행정부의 우주 정책 전환은 민간 기업 주도의 뉴 스페이스 시대를 앞당기는 데 큰 역할을 했다.

신을 가져왔고, 이어 우주항공 모빌리티 기술이 발전할 수 있는 토대를 마련해 줬다.

이를 통해 일론 머스크의 스페이스X가 뉴 스페이스를 주도할 기회를 잡을 수 있었다고 해도 과언이 아니다. 스페이스X와 보잉 등 미국의 민간 기업들은 NASA의 경험과 지식을 전수 받고, 다양한 실험을 통해서 재사용 발사체 기술을 확보했으며, 비용 절감 노력을 통해 발사 비용을 급격하게 낮출 수 있었다. 앞서 1부에서 언급했듯이 미국의 경우, 2000년까지는 기술적 발전에도 불구하고 1kg의 탑재물을 우주로 발사하기 위해 평균적으로 1만 8,500달러(약 2,100만 원)의 비용을 꾸준히 지불했으며, 우주왕복선을 운영하는 경우 비용

크루 드래건을 싣고 발사 중인 스페이스X의 팰컨 9호. 스페이스X는 재사용이 가능한 발사체인 팰컨 9호를 통해 발사비를 획기적으로 절감하며, 우주시대를 앞당기는 데 일조했다.

은 5만 4,500달러(약 6,270만 원)까지 육박했다고 알려졌다.

하지만 스페이스X는 팰컨 9호를 활용해 1kg의 탑재물을 우주로 발사하는 비용을 약 2,720달러(약 310만 원, 지구 저궤도 기준이며 발사비용은 거리에 따라 달라짐)로 낮췄는데, 이는 우주왕복선을 이용해 유사 임무를 수행했을 때와 비교해 약 20분의 1 수준의 비용이다. 팰컨 9호는 2010년 첫 발사 이후, 2020년 5월에는 역사상 최초로 민간 유인 우주선 발사에 성공했다. 같은 해 7월에는 이들을 무사히 지구로 귀환시키는 등 우주항공 모빌리티에서 새로운 장을 열고 있다. 스페이스X뿐만 아니라 아마존의 블루오리진은 우주 로켓 뉴 셰퍼드New Shepherd를 개발하는 등 다양한 행위자의 등장과 치열한 경

우주산업의 로켓에 올라타라

쟁으로 인해 미국 주도의 우주항공 모빌리티 기술혁신의 속도가 더욱더 빨라질 것으로 예상된다.

　오바마 행정부의 결단은 10년 후 미국이 글로벌 우주산업을 리딩할 수 있었던 기본 전제가 됐다. 이러한 사례를 참고하여, 한국 역시 10년 후 스페이스X, 렐러티비티 스페이스와 같은 스타트업을 성장시키기 위해서는 어떠한 정책적 결단이 필요할지 치열하게 고민해야 할 것이다.

03

단 한 곳도 빠짐없이 연결되는 세상
우주 인터넷

저궤도 위성,
다시 날아오르다

미국과 중국 간의 기술 경쟁에 있어 가장 화두가 되는 분야 중 하나는 이동통신이다. 6G에서 가장 앞서있는 국가로는 중국이 손꼽힌다. 중국은 한국이 세계에서 첫 번째로 5G를 상용화한 2019년부터 6G 도입을 위한 연구·개발에 박차를 가해 2020년 11월 세계 최초로 테라헤르츠THz 대역 통신을 실험할 인공위성을 우주로 쏘아 올렸다.

중국 국가지식산권국CNIPA이 최근 발표한 〈6G 통신 기술 특허

　　　　우주산업의 로켓에 올라타라

발전 상황 보고서〉에 따르면 글로벌 특허가 출원된 6G 기술은 약 3만 8,000건으로 이중 중국이 가장 높은 35%의 점유율을 보인다. 2위 미국(18%)은 물론 일본(13%), 한국(10%)과 비교해 크게 앞서고 있다. 중국 관영 매체《환구시보環球時報》는 지난달 익명의 전문가를 인용해 "미국은 핵심 기술과 산업 장비가 부족해 6G 기술 발전에 부담을 느낄 것"이라며 중국의 우위를 강조하기도 했다.

이에 미국은 5G에서는 중국에 뒤졌지만 6G에서만큼은 다시 주도권을 잡겠다는 강한 의지를 드러내고 있다. 미국은 2021년 4월 미·일 정상회담에서 6G 투자를 언급했으며, 이어 5월 한·미 정상회담 공동성명에도 "투명하고 효율적이며 개방된 5/6G 네트워크 구조를 개발하기 위해 협력한다"라고 명시했다. 중국을 견제하고 차세대 통신 시장을 차지하고자, 자국의 약점으로 꼽히는 제조업 기반은 동맹국과의 협력을 통해 맞서겠다는 전략이다.[9]

과학기술정보통신부에 따르면 6G의 기준은 확정된 것은 아니지만 대체로 저궤도 위성 등을 통해 초고주파인 테라헤르츠 대역을 활용하며, 이를 통해 도심항공 모빌리티나 항공기에서 접속할 수 있어야 한다. 사정이 이렇다 보니 최근 저궤도 이동통신에 대한 관심이 높아질 수밖에 없는 것이다.

사실 저궤도 통신 위성군의 효용성은 오래전부터 인식돼 왔지만, 최근 들어서야 우주항공 모빌리티 기술의 발전으로 인해 위성체 발사 비용이 감소하고 4차 산업혁명 시대 초연결의 필요성이 증대되면서 본격적인 활용이 앞당겨지고 있다. 관련해 모건스탠리는

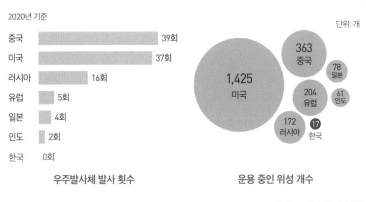

국가별 우주발사체 발사 횟수와 국가별 운용 중인 위성 개수

2020년 기준

단위: 개

중국 39회
미국 37회
러시아 16회
유럽 5회
일본 4회
인도 2회
한국 0회

1,425 미국
363 중국
78 일본
204 유럽
61 인도
172 러시아
17 한국

우주발사체 발사 횟수

운용 중인 위성 개수

출처: 우주개발진흥시행계획

2040년에는 1조 달러를 훨씬 넘어설 것으로 예상되는 글로벌 우주 경제에서 이 중 50~70%는 위성 인터넷 서비스로부터 나온다고 발표한 바 있다.[10]

한국항공우주연구원에 따르면 미국은 2020년 기준 전 세계 인공위성 2,666개 중 과반수가 넘는 1,425기를 운용하고 있다. 중국 363기, 유럽 204기, 러시아 172기, 일본 78기, 인도 61기가 그 뒤를 잇고 있으며 한국은 17기를 운용 중이다.

위성을 활용한 통신은 최초의 인공위성인 스푸트니크 1호에서부터 시작됐다는 점에서 통신 위성의 역사는 우주 기술의 역사와 궤를 같이한다.

위성의 궤도는 높이(고도)에 따라 저궤도(250~2,000km), 중궤도(2,000~3만 5,786km), 정지궤도(약 3만 5,786km), 고궤도(3만 5,786km 이

우주산업의 로켓에 올라타라

상)로 분류할 수 있다. 대부분의 통신 위성은 이 중에서도 저궤도와 정지궤도에 위치한다.

저궤도 위성Low Earth Orbit, LEO은 고도 250~2,000km 사이에 있는 위성을 일컫는다. 고도가 낮을수록 인공위성 광학 탑재체로부터 확보할 수 있는 영상 공간의 해상도가 높은 장점이 있어서 현재 지구 궤도에 존재하는 인공위성의 약 77.5%가 저궤도 인공위성이다. 지구 탐사 위성 등의 관측 위성과 통신 위성이 여기에 속한다. 하지만 고도가 낮아질수록 대기 저항에 의해 위성 속도가 낮아지고 낮아진 고도를 높이기 위해 추력기의 연료를 소모해 궤도를 조정하는 횟수가 많아지는 단점이 있다.

저궤도 위성은 지구와 가까우므로 중력의 영향을 많이 받아 위성의 공전 속도가 매우 빠르다. 높이에 따라 차이가 있지만 약 90분에서 120분 사이에 지구를 한 바퀴 돌고, 따라서 하루에 12~16번 정도 지구 중심을 공전하게 된다. 빠른 속도와 더불어 우주 입자선의 영향을 많이 받기 때문에 평균적인 수명은 3~7년 정도로 정지궤도 위성(평균 12~20년)에 비해 비교적 짧다. 그리고 위성이 커버할 수 있는 지구의 면적도 상대적으로 좁다.

정지궤도Geostationary Earth Orbit, GEO 위성은 고도 약 35,786km에서 지구를 공전하는 위성이다. 정지궤도 위성의 가장 큰 특징은 바로 위성의 공전주기와 지구의 자전주기가 같다는 것이다. 즉, 지구에서 봤을 때 항상 정지해있는 것처럼 보이는 위성이다. 하나의 위성으로 지구 표면의 3분의 1 면적을 접촉할 수 있어서 통신, 방송, 관측

용 인공위성 등에 있어 매우 중요한 역할을 하고 있다. 저궤도 위성에 이어 두 번째로 많은 인공위성으로, 전체 인공위성의 약 16.7%를 차지한다.

과거에는 많은 수의 통신 위성을 주로 지구 정지궤도 상에서 운영했다. 정상적인 통신 역할을 수행하기 위해서는 신호가 끊기지 않는 것이 핵심인데, 저궤도의 경우 지구를 너무 빨리 돌기 때문에 소수의 통신 위성으로는 신호를 잡는 것이 불가능했기 때문이다. 반면 정지궤도는 한 기의 위성으로도 넓은 지역을 계속해서 커버할 수 있었기 때문에, 이를 활용한 위성 전화 혹은 위성TV 등의 통신 서비스가 가능했다.

하지만 정지궤도는 지상과의 거리가 매우 멀어 통신의 지연 시간이 길다는 단점이 있다. 이로 인해 위성 통신에 대한 수요는 케이블 통신으로 대체됐고, 현재의 케이블 시장이 전체 인터넷 시장을 잠식하게 된 것이다. 그런데 최근 통신 위성이 다시 주목받는 이유는 다수의 저궤도 통신 위성군Satellite Constellation을 활용해 지구 어디서든 접근할 수 있는 초고속 이동통신이 기술적, 경제적으로 가능해졌기 때문이다.

저궤도 위성은 중·고궤도 위성보다 통신 지연이 짧고 통신 품질이 우수해 통신, 관측, 기상 분야에 두루 활용되며 미래 통신 네트워크로 주목받고 있다. 단일 시스템보다는 복수 또는 군집 형태의 인공위성 시스템을 통해 임무를 수행하는데, 이는 임무 수행에 있어 융통성과 유연성이 높고, 협업을 통한 임무 수행 성공률을 높일 뿐

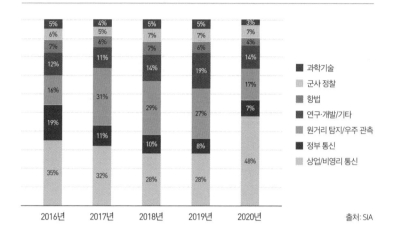

2020년 현재 운용 중인 전 세계 위성의 임무별 비중

출처: SIA

범례:
- 과학기술
- 군사 정찰
- 항법
- 연구·개발/기타
- 원거리 탐지/우주 관측
- 정부 통신
- 상업/비영리 통신

만 아니라, 결과의 질적 향상을 기대할 수 있기 때문이다. 이러한 장점을 활용해 위성 항법 시스템, 범지구적 통신 체계 구축 그리고 소형 위성을 이용한 지구관측 및 우주과학 연구 등에 활용되고 있다.

4차 산업혁명의 중심에 있는
위성 통신

●

위성 통신 기술은 4차 산업혁명과 매우 밀접한 관계를 지닌다. 4차 산업혁명의 가장 큰 특징이라 할 수 있는 초연결Hyper-connectivity을 위해서는 우주 기반 기술이 필수적이기 때문이다. 자율주행차, 자율비행 드론 등은 우주 기술의 발전과 연계되지 않고서는 그 잠재력을 온전히 발휘하기 어렵다. 특히 높은 고도에서 신호를 주고받아야 하는 도심항공 모빌리티, 끊김 없는 데이터 전송이 필요한 자율주행차 등 미래 신사업에 꼭 필요한 기술이다.

현재 정지궤도 통신 위성의 지연율은 약 600~800ms(1ms는 0.001초), 중궤도 통신 위성의 경우는 약 125~250ms지만, 저궤도 통신 위성의 지연율은 약 30~50ms다. 이는 해저 광케이블의 지연율(약 70ms)보다 뛰어나고 4세대 LTE의 지연율(약 20ms)에 근접하는 수치다. 저궤도 통신 위성군은 지상에서 가까운 만큼 전파 왕복 시간이 짧고, 90~120분 사이에 지구를 한 바퀴 돌 정도로 빠르게 움직이며(1초에 약 8km 이동) 위성끼리 전파를 주고받아 글로벌 서비스가 가능하다는 장점도 있다.

이러한 저궤도 위성을 활용한 이동통신은 그 속도와 범위로 인해 4차 산업혁명 기술 발전에 토대를 제공할 수 있다. 인구밀도가 너무 낮거나 지상 통신망 구축이 지형적으로 어려운 지역의 경우 이러한 저궤도 위성을 이용해 인터넷 서비스를 제공하는 것이 경제적으로 효율적이다. 위성 인터넷을 이용하면 인터넷 케이블이나 이동통신 네트워크가 없는 산악 지역 또는 사막 지역에서도 초고속 인터넷 접속이 가능하다. 코로나19 등으로 인해 도시를 벗어나 외딴 섬이나 자연 속에서도 인터넷에 연결된 생활이 가능해지는 것이다.

한편 0.001초 단위의 차이에 따라 거래의 결과가 달라지는 금융 거래에 있어서 낮은 지연율은 저궤도 위성을 활용한 통신의 중요성을 보여준다. 이 외에도 해상이나 극지방, 험한 산지 등에서 군사작전을 수행할 때, 원활한 지휘통제 및 전장 상황인식 등에 유리해 군사적 활용도가 매우 높을 뿐만 아니라 국가 기간산업으로서의 중요성도 크다.

전 세계 인터넷 보급률은 아직 낮은 수준으로 2019년 기준 인터넷을 사용하는 인구는 전 세계 인구(약 77억 1,600만 명) 중 58.8%인 45억 3,600만 명에 불과하다.[11] 여전히 30억 명의 인구는 인터넷을 사용하지 못하는 것이다. 따라서 우주 인터넷을 통해 해상, 공중, 극지 등 모든 곳에서 초고속 인터넷 접속이 가능해진다면 지구적 차원에서 진정한 의미의 사물 인터넷 또는 만물 인터넷IoE의 물적 기반이 마련될 수 있다.

우주 인터넷에 주목하는
국내외 기업들

●

현재 저궤도 위성 인터넷 구축을 리드하고 있는 미국의 스페이스X는 2021년 8월 기준, 총 8개 구역으로 구성되는 위성 네트워크의 1차 구역을 담당할 1,740개의 스타링크 위성 발사를 마무리한 상태다. 스페이스X는 2027년까지 1만 2,000개의 위성을 통해 전 세계를 대상으로 한 우주 인터넷망을 구축할 예정이다. 추후 3만 개 위성을 더 추가한다는 계획이나, 이에 대한 일정은 아직 확정되지 않았다.

2020년 스페이스X는 미 국방부의 1억 4,900만 달러(약 1,713억 원) 규모의 미사일 추적 위성 건설 사업을 수주한 바 있다. 우주개발청SDA과 광각 적외선 미사일 추적 센서 탑재 위성 4대를 공급하기로 계약을 체결해 2022년 납품 예정이다. 그동안 스페이스X가 미 공군과 위성 발사 계약을 체결한 경우는 있었지만, 정부가 발주한 위성 공급 계약을 따낸 것은 이번이 처음이다.

세계에서 가장 먼저 우주로 위성을 띄웠던 영국의 우주 인터넷 기업 원웹OneWeb은 파산 선고에서 회생해 현재까지 254기의 위성을 쏘아 올렸다. 2022년에 위성 648기로 우주 인터넷망을 완성하여 글로벌 우주 인터넷 서비스를 본격적으로 시작할 계획이다. 특히 세계 위성을 관할하는 유엔 산하 국제전기통신연합ITU을 통해 글로벌 주파수 우선 권한을 확보함으로써 우주 인터넷 상용화에 한 발짝 다가섰다는 평가다. 2021년 8월 한화시스템이 원웹에 3억 달러(약 3,450억 원)를 투자하기로 결정하면서 관심이 주목됐다.

아직 아마존의 카이퍼Kuiper 위성군과 캐나다 위성 기업 텔레셋Telesat에서 올릴 라이트스피드Lightspeed 위성군이 데뷔하기 전이지만, 향후 5년 이내에 대표적인 4개 위성군(스타링크, 원웹, 카이퍼, 라이트스피드)의 치열한 싸움이 예상된다.

중국 역시 우주 인터넷망 구축을 시작했다. 중국의 우주 인터넷을 구성할 위성 수는 1만 2,992개로 스타링크(1만 2,000개)와 거의 비슷하다. 다만 미국은 스페이스X 등과 같은 민간 기업이 주체이지만, 중국은 정부가 사업을 관리 감독한다.

2020년 중국 국가발전개혁위원회NDRC는 위성 인터넷을 국가 차원의 프로젝트인 '신기건新基建(새로운 인프라 건설)' 범위에 포함했다.

우주산업의 로켓에 올라타라

신기건은 중국 정부가 코로나19 이후 중장기 차원의 경기 부양을 위해 내건 신규 인프라 구축 어젠다다. 앞서 7개 영역을 설정했으며 이번에 위성 인터넷과 블록체인이 새롭게 추가됐다. 중국 국무원국유자산감독관리위원회SASAC와 국가발전개혁위원회가 공동으로 발표회를 열고 5G, 사물 인터넷, 위성 인터넷, 산업 인터넷 등 통신 네트워크 기초 인프라 구축에 속도를 내겠다고 밝혔다.

중국은 위성 인터넷이 기존 유선, 무선을 잇는 3대 인터넷 기초 인프라 혁명이라고 인식하고 있다. 위성 인터넷을 통해 땅, 하늘, 우주를 이어 사각지대 없는 인터넷을 구현하고자 한다. 끊김 없는 인터넷이 국가안보에 직결된다는 것이다. 중국에서는 국유 기업뿐만 아니라 다양한 기업들이 수년 내 약 300개의 마이크로 소형 위성[✢]을 발사할 것으로 전망되고 있다.

중국은 신기건 프로젝트에 위성 인터넷을 추가한 데 이어, 국무원국유자산감독관리위원회를 통해 저궤도 위성 인터넷을 구축하고 운영할 중국위성네트워크그룹CSNG을 설립했다. 중국이 구축할 저궤도 위성 인터넷망의 이름은 궈왕Guowang(국가 네트워크라는 뜻)으로, 총 1만 2,992개의 위성으로 이뤄진다. 궈왕의 구체적인 추진 방식과 일정은 알려지지 않았지만, 대략적인 서비스 대상 지역은 중국의

✢   NASA에서는 500kg 이하의 인공위성을 소형 위성으로 분류하고 있다. 소형 위성은 나노 위성(1~10kg), 마이크로 위성(11~100kg), 미니 위성(101~500kg)을 포함하며 상업용 또는 통신 및 우주 연구 목적으로 설계된 소형화 저비용 위성이다.

농촌, 산간벽지 지역과 일대일로 사업 참여국들이 될 가능성이 커 보인다. 중국 정부는 기존의 5G, 사물 인터넷, 인공지능에 이어 이번에 저궤도 위성 인터넷을 추가함으로써 미래 국가 경쟁력 제고를 위한 인프라 구축을 완성한다는 방침이다.

중국 정부의 차세대 인프라에 위성 인터넷이 추가되면서 민간 위성 기업의 움직임도 활발해지고 있다. 베이징통신기술개발(베이징컴샛)은 보도자료를 통해 "새로운 인프라 정책에 힘입어 향후 3~5년 동안 중국 인터넷 위성 산업이 폭발적으로 성장할 것"으로 예상했다. 앞으로 발사될 중국 위성 수는 3~4만 개로, 스페이스X를 비롯한 미국 위성 인터넷 업체들이 계획하고 있는 위성 수 4~6만 개에 버금가는 규모가 될 것으로 예상된다.

한편 국내에서는 한화시스템과 KT SAT이 위성 통신 시장에 뛰어들었다. 한화시스템은 2030년 이후 지구 저궤도에 위성 2,000기 이상을 쏘아 올려 국내는 물론 전 세계를 대상으로 위성 통신 사업을 추진하겠다는 계획을 내놓았다. UAM 상용화를 위해 저궤도 위성을 활용한 5/6G 이동통신 서비스가 필수적이기 때문이다. UAM의 비행 고도는 수백 미터로 지상 통신망으로는 신호 송수신에 한계가 있다. 이런 측면에서 한화시스템은 신사업의 양대 축인 UAM과 관측 및 통신 위성 분야에 공격적으로 투자해 시너지를 내고자 한다.

한편 KT SAT의 경우, 지난 2020년에 통신 서비스와 솔루션을 제공하는 위성 기반의 플랫폼 사업자로 도약하겠다는 비전을 선포

우주산업의 로켓에 올라타라

했다. 그동안 위성 통신을 지상망의 보완재로 바라보고 중계 서비스 제공에 집중했다면, 앞으로는 통신 사각지대인 해양, 우주까지 연결 가능한 위성 네트워크를 통해 플랫폼 사업자로 도약하겠다는 계획이다.

정부는 이러한 위성 통신 산업의 발전을 위해 2020년 6월 국가 우주위원회를 열어 '6G 시대를 준비하는 위성 통신 기술 발전 전략'을 공개했다. 여기에는 저궤도에 통신 위성을 쏘아 올려 저궤도 군집 위성 시범망을 구축하고 국내 위성 통신 기술 경쟁력을 확보한다는 내용이 담겨 있다. 2031년까지 지상에서 250~2,000km 높이인 지구 저궤도에 위성 통신 기술을 검증할 저궤도 통신 위성 14기를 쏘아 올릴 예정이다.

04

초정밀 GPS를 찾다
글로벌 위성 항법 시스템

**중요성을 더해가는
PNT 서비스**

•

미래 주목해야 하는 우주 기술임과 동시에 4차 산업혁명 시대의 핵심 인프라 중 하나는 위성 항법 시스템에 기반한 정확한 PNT_{Position}

ing·Navigation·Timing 서비스다.

위성 항법 시스템이란 위성으로부터 전파 신호를 받아 지상에서 정지 또는 이동 중인 물체의 위치 및 속도에 대한 정보를 제공하는 시스템이다. 위성 항법 시스템은 크게 위성, 과제, 사용자로 구성되며 사용자는 4기 이상의 위성에서 전송되는 항법 신호를 이용해 약

우주산업의 로켓에 올라타라

15m 범위 이내의 위치를 파악할 수 있다. 이러한 위성 항법 시스템은 신호 서비스가 제공되는 영역에 따라 글로벌(전 지구) 위성 항법 시스템Global Navigation Satellite System, GNSS, 지역 위성 항법 시스템Regional Navigation Satellite System, RNSS, 위성 보강 항법 시스템Satellite Based Augmentation System, SBAS으로 구분된다.

현재 미국의 GPS와 러시아의 글로나스GLONASS, 중국의 베이더우 등과 같은 GNSS가 운영 중이다. 다른 국가들은 모두 이 세 국가의 GNSS를 빌려 쓰기 때문에 지역마다 오차가 발생하며 GPS의 오차 범위는 최대 20m에 달한다.

실시간으로 정확하고 정밀한 위치 및 지리공간 정보를 획득하고 활용하는 것은 군사적으로 매우 중요하다. 위성 항법 시스템은 군사 작전 수행 간 적에 대한 정보(적의 위치, 이동방향 그리고 이동방법에 대한 질문 등)를 얻을 수 있는 중요한 정보 획득 수단이다. 뿐만 아니라, 위치 기반 서비스와 관련된 다양한 영역들, 예를 들어 교통, 통신, 물류, 금융, 농업, 어업, 관광, 토지개발, 재난 대응 등에서 더욱더 필수적인 요소가 되고 있다. 나아가 최근에는 자율주행차, UAM 등의 기술력을 온전히 구현하기 위해서 PNT 서비스가 필수적으로 선행돼야 한다.

미국의 GPS는 PNT 서비스를 제공하는 가장 대표적인 GNSS로, 1973년 미 공군 주도로 개발을 시작해 1978년 첫 번째 GPS 위성을 발사했고, 1995년까지 총 24개의 위성 배치를 완료한 뒤 본격적으로 운용됐다(전체 위성의 수는 31개며, 이 중에서 24개의 위성이 측량에 투입

전 세계 위성 항법 시스템 현황

구분		국가	시스템 완성 연도	위성 수
전 지구 위성 항법 시스템	GPS	미국	1995년	31개
	글로나스	러시아	1996년	23개
	갈릴레오	유럽연합	2025년(예정)	21개
	베이더우	중국	2020년	29개
지역 위성 항법 시스템	큐즈	일본	2023년(예정)	4개
	나빅	인도	2018년	7개

2021년 3월 기준 　　　　　　　　　　　　　　　　　　　　出처: 매일경제

됨). GPS는 초기에는 위치측정, 항법, 상황인식, 무기 유도 등 군사적 목적으로 개발됐으나, 1983년부터 무료로 민간용 서비스를 제공한 이래 전 세계 위성 항법의 국제질서를 주도하고 있다.

미국과 함께 위성 항법 시스템의 선두주자인 러시아 역시 1996년에 글로나스 시스템을 완성했으며, 유럽연합(갈릴레오), 중국(베이더우), 일본(큐즈QZSS), 인도(나빅NavIC) 등도 자국의 독자적인 GNSS 또는 RNSS를 구축하고 있다. 일본은 2023년까지 큐즈 구축을 완료할 예정이다. 한국은 2018년 '제3차 우주개발진흥기본계획'을 통해 한국형 위성 항법 시스템Korean Positioning System, KPS 구축 계획을 발표한 이래 2021년 6월에 사업 예비타당성조사를 통과했다. 4차 산업혁명 시대 주요 인프라 중 하나인 KPS는 2022년부터 2035년까지 총 3조 7,234억 원이 투입되는 초대형 사업으로 2027년 첫 위성 발사를 시

작으로 2035년까지 정지궤도 위성 3기와 경사지구동기궤도 위성 5기 등 총 8기의 위성을 우주로 발사할 계획이다. 이를 위해 국내 기업으로는 LIG 넥스원이 위성 핵심 구성품의 기술 개발 경험을 바탕으로 KPS 분야에 뛰어들었다.[12]

2018년 한국인터넷진흥원이 발표한 〈국내외 LBS 산업 동향 보고서〉에 따르면 전 세계 위치 기반 서비스 시장 규모는 2017년 240억 달러(약 27조 6,000억 원)에서 2021년 960억 달러(약 110조 4,000억 원)로 연평균 39.77% 성장할 것으로 전망된다. 나아가 과학기술정보통신부의 주관으로 2021년 8월 개최된 'KPS 개발전략 보고회'에서는 한국형 KPS 개발 사업을 통해 총 6만 명의 고용 창출 효과와 함께 약 7조 원 이상의 경제적 가치가 창출될 것으로 기대된다는 내용이 포함됐다. 뿐만 아니라 최근 자율주행차, UAM, 드론 등을 위한 PNT 정보 수요와 관련 서비스 시장이 크게 확대될 것으로 예측되면서 브라질, 캐나다, 호주, 나이지리아, 싱가포르 등 후발 국들의 위성 항법 구축과 관련 서비스 기술에 대한 관심도 크게 높아지고 있다.

이렇듯 위성 항법 시스템에 대한 국제적 관심이 높아지면서 국가 간 위성 항법 시스템 경쟁 또한 심화되고 있다. 위성의 궤도, 신호, 주파수는 물질적으로 존재하는 자원은 아니지만, 그렇다고 해서 무한정으로 사용할 수 있는 자원도 아니다. 위성 항법 시스템을 구축하는 과정에서 제한된 위성의 궤도, 신호, 주파수 확보 문제가 더욱 중요해지면서 한정된 자원 확보를 위한 국가 간의 경쟁은 피할 수 없게 됐다. 특히 위성 항법 시스템은 민간뿐 아니라 군에서도 사용하는 민군 겸용 기술의 특성이 있기 때문에 이러한 분야에서 특히 미국과 중국 간의 경쟁은 더욱 심화될 것으로 예상된다.[13]

위성 항법 시스템에서는 미국에 비해 중국이 앞서간다는 평가도 있다. 미국 국가정보국 산하 국가정보위원회National Intelligence Council 가 조 바이든 미국 대통령에게 제출한 〈글로벌 트렌드 2040Global Trends 2040〉 보고서에 따르면 중국을 우주 강국이라고 표현하면서 "2040년에는 전 세계적으로 미국 GPS의 대안으로 중국의 베이더우 가 쓰일 것"이라고 경고한 바 있다.[14]

1970년대부터 미 국방부가 구축해온 GPS가 사실상의 기술 표준 이었으나 1991년 걸프전에서 우주 기반 기술의 군사적 유용성을 확 인한 중국은 시스템 구축을 위해 10조 원 가까이 투자하기 시작했 고, 2000년부터 독자적인 GNSS 구축을 위해 3단계에 걸쳐서 베이 더우 프로젝트를 진행했다.

그 결과 2020년 7월 중국의 시진핑 주석은 베이더우 3호 시스템 구축 완료 및 개통을 공식 선언하면서 베이더우는 단시간 내 미국 GPS와의 기술 격차를 줄였다. 중국의 베이더우는 GPS와 같이 군사 용과 민간용으로 나뉘는데, 양자 모두에서 GPS의 지배적 위치에 도 전하고 있다. 군사용 GNSS의 경우 GPS의 오차가 30cm 정도인 반 면, 베이더우의 경우 10cm 정도인 것으로 알려져 있다. 정확도뿐만 아니라, 1,200개의 한자와 이미지를 전송할 수 있다는 것도 베이더 우의 장점이다. 또한, 미국의 GPS가 위성에서 일방적으로 정보를

우주산업의 로켓에 올라타라

수신자에게 전달하는 반면, 이론적으로 중국의 베이더우 시스템은 수신자가 발신하는 위치 정보를 위성이 수신할 수 있는 것으로 알려졌다.

상업적 측면에서도 베이더우는 중국이라는 거대한 시장의 규모에 힘입어 빠르게 성장할 것으로 예상된다. 이미 2019년 기준 중국 내 스마트폰의 70% 이상이 베이더우 서비스를 이용할 수 있는 것으로 알려졌다. 게다가 중국은 2018년 자국의 일대일로 사업에 동참하는 국가에 베이더우 서비스를 제공하는데, 일부 지역의 경우 GPS 서비스보다 정확한 PNT를 제공할 수 있다는 점에서 우위를 자랑하고 있다.

나아가 중국은 4차 산업혁명의 기술과 PNT를 접목해 다양한 사업을 발전시켜 나가고 있다. 한 예로 2021년 8월 최초로 5G 통신에 베이더우 위성을 접목한 대용량 무인운반 로봇Automatic Guided Vehicle, AGV을 공개한 바 있는데 이번에 개발된 대용량 AGV는 전기 배터리를 동력으로 사용하는 지능형 차량이다. 고출력 모터와 감속기, 신속한 운행을 위한 구동 휠이 장착돼 통합제어 관리가 가능하다. 눈에 띄는 점은 이러한 AGV에 위성 항법 시스템 기반의 위치 인식 모듈이 내장돼 있다는 것이다. 베이더우와 GPS 정보를 동시에 수신할 수 있고 위치의 정확도 및 효율성 향상을 위해 다양한 센서를 탑재했다고 알려졌다. 또한 제어 능력을 높이기 위해 5G 기반으로 운영되며, 차량용 카메라 이미지 데이터 전송과 물류 관리 시스템에 대한 정보 전송이 실시간 동기화됨으로써 최근 중국 내에서 급격하게

수요가 증가하고 있는 로봇 영역에서 활용될 예정이다.[15]

이렇듯 중국은 독자적 GNSS 구축을 통해 자국의 상업적 이익을 증진함과 동시에 군사적, 정치 외교적 이익 또한 추구하고 있다. 4차 산업혁명 기술과의 융합 등을 통해 위성 항법 시스템이 미·중 기술 경쟁에서 차지하는 중요도는 향후 더욱더 커질 것으로 전망된다.

05

우주산업의 틈새시장
우주 쓰레기 처리

우주 기술 발전의
부산물

●

우주 기술의 발전과 더불어 지구 궤도를 선회하는 우주 쓰레기의 양이 계속 늘어나면서 이를 처리하는 일은 우주산업의 중요한 틈새시장이 되고 있다. 우주 쓰레기 제거 기술은 근본적으로 우주에서의 평화적인 활동을 위해 개발되지만, 때에 따라 상대국의 위성을 파괴하는 대위성 공격무기로도 사용할 수 있어 상업성과 군사성을 동시에 가진 기술이다. 다른 국가의 위성을 밀어내 궤도를 바꾸거나 물리적 충격을 가해 기능 장애를 일으킬 수도 있기 때문이다.

우주공간에 있는 인간이 만든 물체를 통틀어 인공우주물체라고 한다. 이 중 지구 궤도에 있는 인공우주물체는 임무를 수행 중인 인공위성과 그들을 제외한 나머지로 나뉘는데, 그 나머지를 우주 폐기물Space Debris 또는 우주 쓰레기라고 부른다. 고장 난 위성, 로켓 상단, 충돌 및 폭발에 의한 잔해물, 부식이나 노후화에 따른 파편 및 우주인이 떨어뜨린 공구 등이 모두 우주 쓰레기가 된다.

NASA의 궤도 파편 연구 수석 과학자 도널드 케슬러Donald J. Kessler 는 1978년에 이미 지구 저궤도에서 물체의 밀도가 어느 수준 이상이 되면 물체 간의 충돌이 도미노 효과를 발생시켜 더는 인공위성을 발사할 수 없는 상태에 이를 수 있다는 '케슬러 신드롬Kessler Syndrome' 을 제시하면서 우주 쓰레기의 위험성에 대해 경고한 바 있다.[16]

실제로 우주 쓰레기와 인공위성이 충돌한 대표적인 사례가 있다. 2009년 2월 10일 미국의 통신 위성 이리듐Iridium 33호와 러시아 통신 위성 코스모스Cosmos 2251호가 시베리아 상공 790km에서 충돌했다. 인류가 1957년 최초로 인공위성을 쏘아 올린 이후 처음으로 발생한 '우주 교통사고'였다.

이리듐 33호는 1997년 발사된 현역이었던 반면 코스모스 2251호는 1995년 임무를 마치고 우주 궤도에 남아 떠돌던 퇴역 위성이었다. 두 위성의 충돌로 10cm 이상 크기의 우주 쓰레기 1,420개와 1mm 이상 크기의 우주 쓰레기 약 400만 개가 발생했다. 이들 파편은 충돌 궤도에서 벗어나 고도 500~1,300km 곳곳으로 퍼져나갔다.

이리듐 33호와 코스모스 2251호의 충돌로 생성된 우주 쓰레기

	등록된 파편	예측>10cm	예측>1cm	예측>1mm
이리듐 33호	490개	580개	3만 100개	1.54×10^6개
코스코스 2251호	1,142개	840개	4만 3,220개	2.22×10^6개
계	1,632개	1,420개	7만 3,320개	3.76×10^6개

출처: Science and Global Security

한편 중국은 2007년 1월 고도 800km 상공에 있는 자국의 기상위성 펑윈風云 1C를 미사일로 요격해 10cm 이상 되는 2,800여 개의 우주 쓰레기를 발생시키고 우주 무기 경쟁을 촉발한 것에 대해 국제사회의 비난을 받은 바 있다.

유럽우주국에 소속된 인공위성들은 2018년에만 28차례나 회피 기동을 했는데, 이 중 90%가 우주 쓰레기 때문이었다. NASA에 따르면 국제우주정거장 역시 2020년에만 우주 쓰레기 때문에 3차례 긴급 기동했으며, 특히 2020년 9월에는 미국 연구원들이 러시아 측 영역으로 긴급 대피를 하기도 했다. 총알보다 10배가량 빠른 7~8km/s의 속도로 지구를 떠도는 우주 쓰레기는 인공위성 또는 우주정거장을 운용하거나 우주선을 쏘아 올리는 데 위협적인 존재가 아닐 수 없다.

최초의 인공위성 스푸트니크 1호가 발사된 1957년부터 지금까지 발사된 인공위성이 1만 1,000여 개인데, 그중에서 2020년 한 해에 발사된 인공위성만 1,200여 개로 알려졌다. 2021년에는 3개월 동안 벌써 560여 개가 발사됐다. 세계경제포럼WEF은 현재 지구 저 궤도를 도는 위성 수는 약 6,000여 개에 달한다고 밝혔다. 이런 증 가세의 배경에는 소위 올드 스페이스에서 뉴 스페이스로 나아가는 시대의 변화가 있는데 스페이스X를 비롯한 우주 탐사 기업 간 경쟁 이 격화되면서 우주 쓰레기는 더욱 늘어날 전망이다.

미국 전략사령부 산하 합동우주작전센터Joint Space Operations Center, JSpOC에 따르면 현재 지구 주변의 우주 궤도에는 우주물체 2만 3,000여 개가 떠다니고 있다. 그중 인공위성은 10%에 지나지 않고, 나머지 90%는 모두 우주 쓰레기다.

우주 환경 보호를 위한 국제사회의 다양한 시도들

●

우주 쓰레기의 위험성에 대해 국제사회는 유엔 우주위원회Committee of Peaceful Use of Disarmament, COPUOS(유엔 외기권의 평화적 이용을 위한 위원 회)와 주요 우주개발국을 중심으로 우주 환경 보호를 위한 규범화 를 논의함과 동시에 우주 쓰레기 제거 관련 기술 개발이 한창이다. 2019년 6월 유엔 COPUOS에서 채택된 '우주활동 장기지속성 가이 드라인Long-Term Sustainability of Outer Space Activities, LTS'은 안전한 우주 환 경 조성을 위한 우주물체 궤도, 감시정보 공유, 잔해물 제거 기술 촉진 및 충돌평가 등의 이행에 대한 권고 지침을 담고 있다. 이러한 가이드라인은 법적 구속력은 없지만, 우주 쓰레기의 심각성에 대해 유엔 회원국이 공동으로 인정하고 있음을 보여준다는 측면에서 중요하다.[17]

특히 미국 등 우주 선진국 20여 개국은 이러한 가이드라인을 준수하면서 우주 쓰레기를 포획할 수 있는 로봇팔, 그물, 정전기 견인 등과 같은 혁신 기술 개발을 통해 세계시장 선점 기회를 엿보는 중이다. 이중 미국은 세계에서 유일하게 우주물체의 감시 및 추적을 위한 독자적인 역량을 갖춘 국가로, 최근 미국 상무부는 2024년 9월을 목표로 우주의 교통 법규관리Space Traffic Management, STM(물리적, 전파적 간섭없이 우주로 발사하거나 우주에서 활동하고 귀환하는 우주 비행체의 기술 및 규제 등을 위한 교통 체계) 서비스를 마련하는 중이다.

한편 일본은 미국과의 동맹을 기반으로 우주 감시를 위한 전담 레이더를 개발하고 있다. 이는 정지궤도까지 감시가 가능한 고성능 장비로 약 1조 원 규모가 투입될 계획이며 2023년부터 활용할 예정이다. 최근에는 프랑스와도 우주 상황인식 관련 기술 약정을 체결하는 등 미국에 이어 우주 분야에 있어 활발한 활동을 보여주고 있다.

유럽에서는 영국이 가장 적극적이다. 영국은 유럽 내 최대 투자자로서 유럽우주국의 우주 안전 프로그램에 지금까지 약 1억 유로(약 1,400억 원)를 투자했다. 특히 영국의 서리대학교 우주센터SSC는 2018년 그물과 작살로 우주 쓰레기를 수거해 대기권에서 태워버리는 실험에 성공한 바 있다.

유럽우주국은 2025년 스위스의 스타트업 클리어스페이스Clear-

Space와 협력해 실제 우주 쓰레기를 청소할 위성을 발사할 계획이다. 수거 대상은 2013년에 발사한 베스파Vespa 위성의 잔해로 4개의 로봇팔로 우주 쓰레기를 감싸 쥐고 대기권으로 진입해 소각한다는 구상이다. 계약 규모는 8,600만 유로(약 1,200억 원) 정도로 유럽우주국이 핵심 기술을 제공하고 클리어스페이스가 '클리어스페이스-1'이라는 프로젝트명으로 서비스를 제공한다. 이는 미국 NASA가 스페이스X에 비용을 지불하고 운송 서비스를 받는 것과 같은 형태로, 유럽우주국에서는 처음 시도하는 방식이다. 뛰어난 기술력을 가진 민간 기업이 우주 쓰레기 청소 분야에 진출할 가능성을 타진할 수 있는 계기가 됐다는 평가다.

우주 쓰레기를 처리하는 다양한 방식 중 연구가 가장 활발하게 이뤄지는 방법은 크게 두 가지다. 하나는 그물을 쏘아 우주 쓰레기를 포획하거나 로봇팔로 수거한 뒤 지구 대기권으로 재진입시켜 태워버리는 것이고, 다른 하나는 다른 인공위성들이 전혀 사용하지 않는 궤도로 옮기는 것이다. 앞서 클리어스페이스의 사례는 전자의 경우인데, 이러한 방식으로는 많은 우주 쓰레기를 처리하기에 역부족일 뿐만 아니라 비용이 많이 든다는 단점이 있다.

2013년 창업한 일본 기업 애스트로스케일Astroscale은 세계 최초로 우주 청소에 나선 기업으로, 회사 슬로건을 아예 '우주 청소부들Space Sweepers'로 내세웠다. 로봇 위성을 쏘아 올린 뒤 접착제를 이용해 우주 쓰레기를 달라붙게 하는 기술 등을 개발해 1억 9,100만 달러(약 2,200억 원)를 투자받았다. 글로벌 우주 궤도 스타트업들 가운

우주산업의 로켓에 올라타라

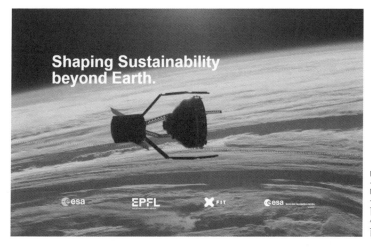

스위스의 스타트업 클리어스페이스는 우주 청소 기술을 개발하는 대표적인 기업이다. 유럽우주국으로부터 8,600만 유로의 비용을 받고 2013년 발사 이후 660~800km 상공에 남아 있는 소형 위성 베스파의 잔해를 청소하기로 했다.

데 가장 큰 규모의 투자다. 그 외에도 2020년 8월, 일본의 위성 통신 회사인 스카이퍼펙트 JSATSKY Perfect JSAT는 2026년 서비스 개시를 목표로 먼 거리에서 레이저를 쏘아 우주에 떠다니는 우주 쓰레기를 대기권으로 떨어지게 하는 위성을 개발하겠다고 발표했다.[18]

문제는 이와 같은 방식의 우주 쓰레기 처리용 위성은 군사용으로도 사용이 가능하다는 점이다. 다른 국가 위성을 밀어내 궤도를 바꾸거나 물리적 또는 비물리적 충격을 가해 기능 장애를 일으킬 수 있다. 위성 자체가 사실상 우주 무기가 되는 것이다. 인공위성 스젠實踐 17호는 중국이 2016년 6월 하이난다오에서 창정長征 7호 로켓에 탑재해 발사한 우주 쓰레기 처리용 위성이다. 이 위성에는 문어

발처럼 생긴 로봇 팔이 장착돼 있다. 로봇 팔로 우주공간에 떠 있는 쓰레기를 제거하는데, 중국국가항천국은 "스젠 17호를 이용해 수명이 다한 위성을 바다로 안전하게 추락시킬 수 있다"고 소개했다.

보다 우주 환경친화적인 방식으로는 핀란드의 우주 스타트업 아크틱 애스트러노틱스Arctic Astronautics가 개발한 나무로 만든 인공위성인 위사 우드샛WISA Woodsat이 있다. 아크틱 애스트러노틱스는 핀란드 목재 기업 UPM, 유럽 우주 기업 홀드Huld와 함께 나무로 만든 인공위성을 공동개발해 2021년 11월 미국 로켓 랩의 우주선을 통해 발사할 계획이다. 나무로 만든 이 인공위성의 크기는 10×10cm, 무게는 약 1kg에 불과하다. 회사 측은 이 인공위성을 시작으로 주로 화석 기반 재료를 사용하는 현재의 우주 기술이 나무와 같은 재생 가능한 소재를 활용하는 방향으로 이동하게 되기를 희망한다고 밝혔다.[19]

유럽우주국의 재료 전문가도 이 목재 위성 개발을 위해 다양한 실험 센서를 제공하고, 비행 전 테스트를 지원하고 있다. 이 목재 위성은 우주에서 지구 궤도를 돌며 데이터를 수집할 예정이다. 아크틱 애스트러노틱스 공동 창업자 사물리 니만Samuli Nyman은 "합판의 기본 재료는 자작나무다. 우리는 누구나 쉽게 철물점에서 찾을 수 있거나 가구를 만들 때 사용하는 것과 똑같은 재료를 사용하고 있다"고 밝혔다.

일론 머스크 역시 우주 쓰레기를 없애는 데 스페이스X의 스타십을 활용할 뜻이 있다고 밝혔다. 미국 정치매체《더힐THE HILL》에 따

세계 최초의 목재 인공위성인 위사 우드샛. 기체 외부는 UPM이 제조한 특수 합판(WISA)이 사용됐으며, 그 안에는 아크틱 애스트러노틱스가 개발한 소형 위성(Kitsat)이 들어 있다. 위사 우드샛은 미국 우주항공 기업 로켓 랩의 도움을 받아 2021년 하반기에 발사될 예정이다.

르면 머스크는 2021년 7월에 업로드한 트윗을 통해 "스타십을 쏘아올려 우주 쓰레기를 정리하는 게 가능하다"면서 "대기권을 돌파할 때 위성을 보호하는 역할을 하는 보호 덮개(페어링)를 이용하면 된다"고 말했다.

경제적·사회적 수요가 커지면서 우주공간은 이제 제한적인 희소재가 됐다. 언제든 사용할 수 있는 무한한 자원이 아니라 언젠가는 소실될 유한 자원이다. 정지궤도와 주파수 역시 제한된 자산이어서 우주 교통 관리가 필요한 밀집 공간이 돼가고 있으며, 군사적 충돌도 우려되는 분쟁의 공간이 됐다. 뉴 스페이스 시대에 참여하는 주체의 다변화로 인해 향후 우주의 밀집 현상은 지금과는 비교할 수 없는 수준으로 심화될 것이다. 우주 쓰레기를 처리하는 문제를 현실적인 차원에서 심각하게 고민해야 하는 이유다.

5부

우주산업의
리더들

01

전통과 혁신의
대결

우주 투자의 첫걸음,
혁신 기업을 찾다

●

혁신을 뜻하는 단어인 이노베이션innovation을 살펴보면 '안(in)'과 '새롭다(nova)'가 결합한 것으로 '안에서부터 시작해서 새롭다'는 의미다. 즉, 혁신이 주는 새로움이란 바깥으로 드러난 현상만이 아닌, 보이지 않는 속부터 시작해서 보이는 겉까지 달라지는 것을 나타낸다. 그래서 혁신은 기존에 하고 있던 것을 더 열심히 해서 얻은 성과 측면에서의 발전improvement이나, 새로운 기술을 위한 아이디어를 창안하는 발명invention과는 질적으로 다르다.

글로벌 혁신 기업에 대해 다루고 있는 목대균 저자의 책《글로벌 혁신전쟁》에서는 혁신 기업에 대한 투자를 크게 네 가지로 나누어 설명한다. 첫째, 가격 하락과 성능 향상에 투자하는 경우, 둘째, 새로운 시장 창출에 투자하는 경우, 셋째, 새로운 비즈니스 모델에 투자하는 경우, 마지막으로 내일의 혁신 기업에 투자하는 경우다.[1] 각 사례 마다 어떤 의미가 있는지 살펴보면 혁신 기업의 의미를 보다 명확하게 이해할 수 있을 것이다.

먼저, 가격 하락과 성능 향상에 투자하는 측면에서 혁신이란 현재와 미래의 재무적 성과 개선을 통해 기업 가치를 증가시키는 경우를 의미한다. 이는 제품 및 서비스 판매 증가로 기업의 매출이 늘어나거나, 비용 절감을 통해 기업 이익이 개선될 때 투자 대상으로서의 가치가 있다는 뜻이다. 즉, 혁신이 재무적 성과로 이어질 때 비로소 투자자에게 의미가 발생한다.

예컨대 일상생활에서 쉽게 접할 수 있는 인공지능 스피커는 지속적인 연구·개발과 투자, 자연어 처리능력 향상 및 부품가격 하락으로 제품 개발 소요 시간이 줄면서 다양하고 저렴한 인공지능 스피커가 쏟아져 나올 수 있었다.

그 다음으로 새로운 시장 창출에 대한 투자의 측면에서 신규 시장에서의 파괴적 전략을 소개한다. 이는 기존 제품이 지닌 한계로 인해 잠재 소비자가 제한되거나 불가능했던 소비를 새로운 기술 개발 또는 제품 출시를 통해 가능하게 하는 경우를 뜻한다. 예를 들어 소니의 휴대용 카세트 워크맨은 크기가 큰 오디오만 존재하던 당시

우주산업의 로켓에 올라타라

걸어 다니면서 음악을 듣는 경험을 가능하게 만들었으며 이를 통해 10대라는 새로운 소비층을 창출했다.

한편, 새로운 비즈니스 모델에 투자하는 측면에서 전통적 기업의 비즈니스 모델은 많은 고정자산으로 인해 몸집이 클 수밖에 없다고 설명한다. 거대한 몸집으로 인해 환경 변화에 대응이 느릴 수밖에 없고, 특히 새로운 비즈니스 모델이 이전과는 전혀 다른 자산에 투자할 필요가 있을 때 그 대응은 더욱더 느려지게 된다.

전통적인 우주항공 및 방위산업 기업들이 대표적이다. 이들은 무기 체계의 긴 수명을 고려해 장기간에 걸친 기체 제작 등 주로 시설 설비에 많은 투자를 진행해왔다. 이후 매년 유지 보수에도 일정 금액을 사용해야 했기에 새로운 자산에 투자할 여력도, 인센티브도 크지 않았다. 제품의 기획부터 배송까지 걸리는 시간을 단축하거나, 중개상을 없애 소비자에게 도달하는 판매 경로를 단축하는 등 새로운 비즈니스 모델을 만드는 일은 군과 국가를 대상으로 무기 체계를 납품하는 거대한 전통 방산 기업에는 불필요한 노력이었을지도 모른다. 그러나 최근 스페이스X와 같은 스타트업이 우주항공 및 방위산업의 비즈니스 모델을 재정의함으로써 기존 전통적 기업을 위협하는 시대가 도래했음을 부인할 수 없을 것이다.

마지막으로 내일의 혁신 기업에 투자하는 측면에서 투자는 미래 지향적이어야 한다고 강조한다. 지금 시장에서 혁신적이라고 인정받고 있는 대형 기업에 투자할 경우 미래 수익률을 포함한 투자가치는 과거처럼 높지 않을 수 있다. 매 순간 혁신을 만들어가는 기업을 찾아, 그 기업의 미래에 투자함으로써 함께 가치를 창출하는 것이 진정한 의미의 투자가 되는 시대이기 때문이다.

뉴 스페이스 시대에 새롭게 성장하는 우주항공 및 방위산업 또한 위에서 소개한 네 가지 측면에서 살펴볼 수 있다. 다만 새롭게 성장하는 뉴 스페이스 시대의 우주항공 및 방위산업은 이러한 네 가지 중 어느 한 측면에 국한되지 않고 서로 교차하면서 더욱더 새로운 가치를 창출하고자 한다는 데 차이가 있다. 국가안보 및 경제, 그리고 과학기술의 경계를 넘나들며 어느 하나의 시장이나 비즈니스 모델에 국한되지 않는 기업, 즉 크로스 전략을 구사하는 혁신 기업을 찾는 것이 뉴 스페이스 시대에 의미있는 성과를 내는 투자의 첫 걸음일 것이다.

우주산업의 로켓에 올라타라

02

우주 수송의 비용 혁신을 이루다
스페이스X

**달에 이어 목성까지 점령한
스페이스X**

●

"여러분은 아침에 일어나서 미래는 현재보다 훨씬 나아지리라
생각하고 싶을 것입니다. 그것이 바로 우주를 여행하는 인류가 되는 것의 전부
입니다. 미래를 믿고 미래는 과거보다 나아질 거라고 생각하는 것입니다. 저는
우주로 나아가 별들 사이에 있는 것보다 더 신나는 일을 생각하기 어렵습니다."

- 일론 머스크, 스페이스X CEO

2021년 7월, 일론 머스크가 이끄는 스페이스X는 NASA와 1억

7,800만 달러(약 2,047억 원) 규모의 유로파 클리퍼Europa Clipper 탐사선 발사 계약을 체결하면서 다시 한번 우주항공 분야에 새로운 역사를 썼다. 목성의 위성인 유로파는 태양계에서 지구를 제외하고 생명체가 존재할 가능성이 가장 높은 천체로, 지표면을 덮고 있는 두꺼운 얼음층 아래엔 거대한 바다가 있다고 알려졌다.

유로파 클리퍼 탐사선은 2024년 10월 미국 플로리다주 케네디 우주센터에서 스페이스X의 대형 로켓인 팰컨 헤비에 실려 발사될 예정이며, 탐사 여정은 약 5년 이상 걸릴 것으로 예상된다. 이로써 스페이스X는 2021년 4월 NASA의 달 탐사 프로그램인 아르테미스 프로젝트의 달 착륙선 제작 사업체로 단독 선정된 데 이어 목성 탐

케네디 우주센터에서 이륙하는 스페이스X의 대형 로켓 팰컨 헤비의 모습.

우주산업의 로켓에 올라타라

사선 발사 계약도 독점하게 됐다.

스페이스X가 제조하는 발사체란 기본적으로 우주공간에 인공위성이나 탐사선을 올려놓기 위해 사용되는 로켓을 의미한다. 참고로 로켓을 우주 탐사나 인공위성 사용 등의 평화적인 목적으로 사용하면 발사체가 되지만 다른 대륙에 있는 표적을 파괴할 목적으로 사용하면 미사일이 된다. 즉, 로켓에 인공위성을 탑재하면 발사체, 폭발물을 탑재하면 미사일인 셈이다.

머스크가 처음부터 로켓 제작에 관심이 있었던 것은 아니다. 머스크는 2001년 로켓을 구매하기 위해 러시아에 갔지만 적당한 가격대의 로켓을 찾지 못하고 빈손으로 돌아오게 됐다. 미국으로 돌아오는 비행기에서 차라리 직접 로켓을 제작하는 것이 낫겠다고 생각해 2002년 설립한 회사가 바로 스페이스X다.

지금의 위상과는 다르게 스페이스X 설립 초창기에는 비현실적인 아이디어 때문에 사람들의 비웃음거리가 됐다. 로켓을 만들어 우주에 인공물을 쏘아 올리는 데는 엄청난 기술력과 자본이 필요했기 때문에 국가 단위의 자금 지원이 아니고서는 실현이 불가능하다는 게 다수의 의견이었다. 일개 민간 기업, 그것도 스타트업에서 로켓 제작을 할 수 있을까 의구심을 품는 건 당시로는 어찌 보면 당연했을지도 모른다.

역사상 첫 민간 기업 주도의 유인 우주선 발사로 기록된 크루 드래건 발사에 이어, 2020년 11월 15일 레질리언스Resilience라는 이름의 우주선을 싣고 다시 한번 우주로 날아오르면서 스페이스X는

NASA가 처음으로 인증한 민간 기업의 우주선 발사라는 영광스러운 기록을 남겼다. 로켓 발사에 성공하기까지 그동안 치명적인 엔진 고장, 낙하산 기능 불량, 연료 공급 시 안전 우려 등 순탄치만은 않았던 과정을 거쳤지만, 현재는 명실공히 뉴 스페이스 시대를 대표하는 스타트업이 됐다.

크루 드래건
발사 성공의 의미

•

스페이스X의 여러 성과 중에서도 특히 2020년 5월 민간 기업 최초로 우주 비행사를 지구 궤도의 국제우주정거장으로 실어 나르는 유인 우주선인 크루 드래건 발사 성공은 크게 두 가지 측면에서 특별한 의미를 지닌다.[2]

첫째, 미국이 2011년 우주왕복선 퇴역 이후 다시금 자체적으로 우주 수송 수단을 확보할 수 있게 됐다. NASA는 자체 우주왕복선을 대체할 새 유인 우주선을 만드는 대신 이 임무를 보잉과 스페이스X 등 민간 기업에 맡겼다. 그전까지는 러시아의 소유스Soyuz 로켓과 캡슐을 이용해왔는데, 여기에는 1인당 최대 8,600만 달러(약 989억 원)의 막대한 비용이 발생했다. 비용 부담이 컸던 NASA는 차라리 민간 기업에 기회를 주자는 특단의 결정을 내리게 된 것이다.

NASA가 자체적으로 노력하지 않은 것은 아니다. 1990년부터 2000년대에 이르기까지 가장 유명한 컨스텔레이션 프로그램Constellation program, CxP(2005년부터 2009년까지 NASA가 추진했던 유인 우주 비행 프로그램)을 포함해 다양한 우주 운송 프로젝트를 시도했으나 모두 디자인 및 가격 경쟁력, 그리고 정치적인 이유로 인해 실패로 돌아 갔다.

실제로 미국 회계 감사원GAO이 NASA의 주요 프로젝트들에 대해 평가한 보고서에 따르면, NASA의 주요 프로젝트들의 포트폴리오는 2012년부터 지속해서 비용이 증가하는 데 반해 일정은 계속 지연되는 악순환을 반복했다.

결국 NASA는 2014년에 발사체 제작과 관련해 보잉과 42억 달러(약 4조 8,300억 원), 스페이스X와 26억 달러(약 2조 9,900억 원)의 계약을 맺었다. 민간 기업에 유인 우주 비행을 맡김으로써 비용을 절감하고 혁신을 촉진하는 한편, NASA는 태양계 탐사에 더 많은 시간과 자원을 투입하려는 전략이었다.

둘째, 그간 미국과 러시아, 중국 등 주요 국가들이 정부 차원에서 독점해오던 유인 우주 비행을 민간 영역으로 끌어들임으로써 민간 기업이 우주 수송 서비스를 시작할 수 있는 계기를 마련했다. 물론 여기서도 재활용 발사체를 사용한 비용 절감이 핵심이다.

2021년 4월 23일 플로리다 케네디 우주센터에서 스페이스X는 유인 캡슐과 추진 로켓을 모두 재활용한 우주선을 발사하는 데 성공했다. 이번에 진행된 크루-2Crew-2 발사는 우주 비행사 4명을 국제우주정거장에 보내고, 정거장에 있던 크루-1Crew-1 우주 비행사를 다시 지구로 데려오는 임무로 NASA와 스페이스X는 발사 장면을 유튜브로 생중계해 큰 관심을 모았다. 약 두 달 후인 2021년 6월 30일에는 트랜스포터-2Transporter-2라는 프로젝트명으로 스페이스X의 팰컨 9호 로켓이 88개의 소형 위성을 우주 궤도에 올리기 위한 우주 수송 서비스를 시도해 연달아 성공했다.

스페이스X가 팰컨 9호를 통해 다양한 소형 위성을 우주로 운송하는 건 이번이 처음이 아니다. 이미 2021년 1월에만 총 143개의 위성을 발사하면서 신기록을 세웠다. 스페이스는 2019년부터 팰컨 9호를 연중 일정한 스케줄로 발사할 계획을 발표했는데, 발사 비용은 약 100만 달러(약 11억 5,000만 원) 수준이다.[3]

스페이스X가 선도한 우주 수송 서비스는 발사 비용을 획기적으로 낮추면서도 신뢰성을 높여 우주에서의 상업적 가치를 창출한 대표적인 예다. 나아가 이러한 서비스를 활용하면 소규모의 글로벌 위성 스타트업도 수개월 내에 제품 개발 및 발사가 가능해짐에 따라, 이를 기반으로 더욱더 다양한 우주산업이 태동할 것으로 예상된다.

스페이스X는 어떻게
뉴 스페이스 시대를 선도하게 됐을까

•

이렇듯 스페이스X가 뉴 스페이스 시대를 선도할 수 있었던 배경에는 NASA와의 긴밀한 협력이 있었다. 물론 과거에도 NASA와 민간 기업이 협력하는 사례는 많았지만, 당시의 협력 관계는 NASA의 철저한 감독 아래 민간 기업들이 우주선을 설계하고 제작하는 역할을

우주산업의 로켓에 올라타라

전제로 했다. 그리고 이러한 설계 및 제작과정에서 NASA는 기업이 원래 제시했던 비용을 초과하더라도 모든 개발 비용을 지불할 것을 보증해왔다.

그랬던 NASA가 입장을 바꿔 민간 기업의 고객이 되기로 한 것이다. 새롭게 시작한 상업 승무원 프로그램Commercial Crew Program, CCP 역시 기존의 패러다임에서 벗어나고자 하는 NASA의 시도를 보여준다. NASA는 미국의 유인 우주 비행 시스템 개발을 촉진하고자, 2010년부터 이 프로그램을 통해 미국 우주항공 민간 기업들과 협력해왔다. 이 프로그램의 운영 목적은 우주인이 국제우주정거장을 오

NASA가 민간 기업 보잉과 스페이스X와 협력해 로켓과 우주선을 만드는 프로젝트인 상업 승무원 프로그램(CCP). CCP의 목표는 우주 비행사를 미국에서 국제우주정거장으로 보내는 것이다.

가는 데 있어서, 안전하고 신뢰할 수 있으며 비용이 효율적인 승무원 수송 시스템 개발을 촉진하는 것이다.

이 같은 프로그램은 오늘날 기술의 발달로 인해 인간을 국제우주정거장으로 보내는 것이 더는 그리 어려운 문제가 아니라는 NASA의 인식에서 시작됐다. 즉, NASA가 재정적 지원과 기타 인센티브를 제공한다면 스타트업을 비롯한 민간 기업들이 기꺼이 자기 자본을 투자할 가능성이 있다고 생각한 것이다.

결국 2006년 NASA는 인원 및 화물을 운송하기 위한 우주선을 개발하는 내용으로 스페이스X와 첫 번째 계약을 체결했다. 여기에는 향후 국제우주정거장으로 우주인들을 보내는 수십억 달러에 상응하는 미래 계약을 체결하겠다는 약속도 포함됐다. 즉, NASA의 계약은 민간 기업이 단계별 검증이 가능한 마일스톤을 완료하는 경우 NASA가 확정된 비용을 지불하고 그 이상 초과하는 비용의 경우 각 기업이 부담하도록 한 것이다.

그 대신 NASA는 성능과 안전 요건에 관련된 규제를 완화했다. 이러한 NASA의 패러다임 변화는 민간 기업들이 개발 및 생산과정에서 비용 절감을 위해 노력하도록 동기를 부여했고, NASA는 예산을 다른 프로그램에 활용할 수 있는 윈윈 전략이 됐다. 지적 재산권을 해당 기업에 부여함으로써 그들이 추가적인 수익을 창출하고, 이를 새로운 민간 우주 시장을 여는 데 사용할 수 있도록 유도했다.

여기서 흥미로운 점은 CCP에 참여하고 있는 보잉과 스페이스X가 보여준 비용 차이다. 2020년 11월, 스페이스X는 NASA로부터 국

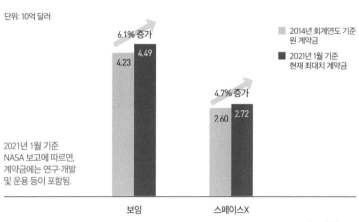

보잉과 스페이스X 비용 차이

단위: 10억 달러

6.1% 증가

4.23 4.49

■ 2014년 회계연도 기준
원 계약금
■ 2021년 1월 기준
현재 최대치 계약금

4.7% 증가

2.60 2.72

2021년 1월 기준
NASA 보고에 따르면,
계약금에는 연구·개발
및 운용 등이 포함됨.

보잉   스페이스X

출처: GAO

제우주정거장에 우주 비행사들을 수송할 수 있는 자격을 인증받음으로써 중요한 이정표를 달성했는데, 현재까지 발생한 비용은 함께 프로그램에 참여하고 있는 보잉의 절반 수준이다. 이는 추후 우주 운송 서비스와 관련해 NASA와 스페이스X가 더욱 협력할 가능성이 있음을 보여준다.

03

우주 관광이라는 새로운 시장
블루오리진, 버진갤럭틱, 스페이스X

**억만장자들의
우주 관광 경쟁**

2021년 7월 20일, 아마존 창업자 제프 베이조스는 자신이 설립한 우주 탐사 기업 블루오리진의 우주 관광 로켓 뉴 셰퍼드를 타고 고도 100km 이상 우주 비행을 하는 데 성공했다. 앞서 같은 달 11일에는 버진그룹 회장 리처드 브랜슨이 자사 그룹의 우주 관광 기업 버진갤럭틱의 우주선 VSS 유니티VSS Unity를 타고 뉴멕시코주 사막 지역의 우주 공항을 출발해 고도 86km까지 올라간 뒤 한 시간 만에 복귀했다. 일론 머스크가 이끄는 스페이스X 역시 9월 15일 자사의

블루오리진과 버진갤럭틱의 우주 관광 경쟁

기업	블루오리진	버진갤럭틱
탑승기	뉴 셰퍼드 로켓	우주 비행기 VSS 유니티
발사일	2021년 7월 20일	2021년 7월 11일
탑승 인원	4명(정원 6명)	6명
비행 고도	106km 이상	86km 이상
무중력 상태	약 3분	약 4분
비행 방식	수직이착륙 비행	고고도 비행기를 활용한 활공 비행
특징	첫 무인 조종 비행	민간 기업의 첫 우주 관광

출처: 블루오리진, 버진갤럭틱

우주선 크루 드래건에 민간인 4명을 태워 지구를 공전하는 우주 관광을 진행했다.

블루오리진과 버진갤럭틱의 경우 물론 아직은 지구와 우주의 경계인 카르만 라인Karman line(고도 100km) 돌파 여부를 두고, 이를 진정한 우주 여행으로 볼 수 있을지 의견이 분분하다. 하지만 최근 미국 하버드대학교 매슈 바인치를Matthew Weinzierl 교수가 영국《이코노미스트》와의 인터뷰를 통해 "처음으로 우주 관광을 본격화할 역량을 갖춘 기업들이 나타났다"라고 언급한 것처럼, 세계의 거대 갑부들이 주도하고 있는 우주개발 경쟁으로 민간 우주 관광 시대가 열리게 된 것은 분명한 사실이다. 불과 몇 년 전까지만 해도 상상하기 어려웠던 새로운 시장이 생겨난 것이다.[4]

스위스 투자은행 UBS는 향후 10년 뒤인 2030년에는 우주 관광 사업의 시장 규모가 40억 달러(4조 6,000억 원) 규모로 성장할 것으로 전망했다. 같은 해 우주 관광 및 우주 탐사 등이 포함된 전체 우주경제 규모는 9,000억 달러(약 1,035조 원)를 넘어설 것으로 예상했다.

우주 관광,
같은 듯 다르다

●

우주 관광에 성공한 버진갤럭틱의 VSS 유니티와 블루오리진의 뉴 셰퍼드의 경우 같은 우주 관광을 목적으로 하더라도 그 설계와 장단점, 그리고 전략은 분명하게 다르다.

버진갤럭틱이 우주 관광에 집중하는 데 반해, 블루오리진은 단순한 우주 관광을 넘어 달과 소행성을 오가는 자원 채굴 사업을 계획하고 있다. 이를 통해 2050년까지 1조 달러 이상의 매출을 올릴 우주 관련 사업을 모색하고 있는 것으로 알려졌다.

블루오리진의 베이조스는 초기부터 '우주 자율비행'을 주요 경영 전략으로 세웠다. 최대 6명이 탑승할 수 있는 뉴 셰퍼드에 조종사 대신 더 많은 민간인 고객이 탑승하는 것은 추후 자원 채굴 용도를 애초부터 염두에 두었기 때문이다. 뉴 셰퍼드는 모든 비행 과정을 자동화해 승무원들이 타는 크루 캡슐에는 우주 비행사가 타지 않는다. 만에 하나 발사 도중 사고가 발생하면 '비상 탈출 시스템'을 통해 탑승 캡슐이 로켓으로부터 분리되도록 설계됐다.

우주산업의 로켓에 올라타라

블루오리진 '뉴 셰퍼드' 로켓 우주 비행 과정

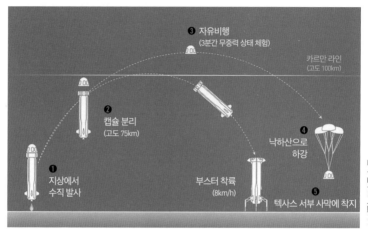

❸ 자유비행
(3분간 무중력 상태 체험)

카르만 라인
(고도 100km)

❷ 캡슐 분리
(고도 75km)

❹ 낙하산으로
하강

❶ 지상에서
수직 발사

부스터 착륙
(8km/h)

❺
텍사스 서부 사막에 착지

출처: 블루오리진 AFP

블루오리진은 이미 여러 상황에서 사고가 날 경우를 대비해 비상 탈출 시스템 테스트를 세 번이나 진행했다. 2012년과 2016년, 2018년에 걸쳐, 각각 로켓이 발사하는 순간과 우주로 날아가는 동안, 그리고 우주공간에서 비상사태가 일어날 것에 대비해 발사대와 지구 대기, 우주에서 비상 탈출 시스템을 시험했다. 우주공간에서 사고가 발생하면 로켓에서 분리된 캡슐에서 자체 부스터를 이용해 지구 대기권으로 들어와 귀환하게 된다.

한편 비용적인 측면에서 블루오리진의 우주 관광은 버진갤럭틱에 비해 훨씬 비싸다. 이번에 뉴 셰퍼드의 첫 비행 좌석은 2,800만 달러(약 322억 원)에 판매됐는데, 이는 버진갤럭틱 VSS 유니티의 티켓 가격인 25만 달러(약 3억 원)보다 최대 100배 이상 비싼 가격이다.

버진갤럭틱의 'VSS 유니티' 우주 비행 과정

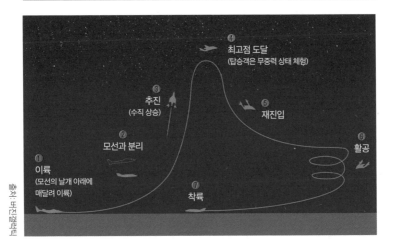

블루오리진은 이를 낮추기 위해 규모의 경제를 늘려갈 계획이며, 향후 티켓 가격은 약 20만 달러 수준으로 예상하고 있다.

이에 반해 버진갤럭틱의 VSS 유니티에는 조종사 2명과 4명의 승객이 탑승할 수 있다. 버진갤럭틱이 개발한 유인 우주선 스페이스십 투SpaceShip Two는 모선 비행기인 이브Eve와 우주 비행선인 유니티Unity로 구성된다. 지상에서 로켓을 쏘아 곧바로 준궤도까지 올라갔다가 낙하산을 펼치고 착륙하는 블루오리진과 달리, 항공기로 이륙한 뒤 고고도에서 로켓 엔진을 발사하고 착륙 시에도 비행기처럼 활강하며 내려오는 방식이다. 모선 이브가 동체 아래에 유니티를 매달고 16km 상공에 도달하면 이브에서 유니티가 분리돼 고도 약 90km까지 올라갔다가 내려오게 된다.

고도는 블루오리진(106km)에 비해 낮지만, 이륙에서 착륙까지 걸린 시간은 버진갤럭틱이 훨씬 길다. 우주 관광을 주목적으로 하는 만큼 고객의 경험에 더 집중한 모습이다. 버진갤럭틱은 올해 안에 세 번의 비행을 모두 마무리하고 내년 초 본격적인 준궤도 관광 사업을 시작할 계획이다. 이미 고객 600여 명이 25만 달러의 요금으로 사전 예약을 했다.

스페이스X는 2021년 9월 진행된 궤도비행뿐만 아니라, 2022년 1월에는 우주정거장에 관광객을 보낸다는 계획이다. 민간인 세 명과 NASA 출신 우주인 한 명을 태워 보내는 왕복 우주선 크루 드래건은 뉴 셰퍼드보다 훨씬 높이 올라가 고도 350~450km에 떠 있는 국제우주정거장까지 간다. 왕복 10일 코스로 국제우주정거장에만 8일간 머무는 스페이스X의 우주 관광은 티켓 가격만 5,500만 달러(약 632억 원)에 이른다. 이는 2019년 NASA가 우주정거장을 한 해에 두 번씩 민간인한테 개방한다는 방침을 밝힌 이후 시행되는 첫 프로그램이자, 민간 로켓으로 민간 관광객을 우주정거장까지 보내는 최초의 사례다. 그런 점에서 버진갤럭틱, 블루오리진의 우주 관광과 스페이스X가 우주정거장에 가는 것은 수준이 한 단계 차이 난다고 볼 수 있다.

현재 러시아를 비롯해 더욱 많은 국가에서 다양한 스타트업들이 우주 관광을 시도하고 있다. 우주 분야에 대한 경쟁이 본격적으로 시작되면 비용도 점차 합리적인 수준으로 형성될 것이다. 오늘날 비행기를 타고 해외를 여행하는 것이 자연스러운 일이 됐듯이, 앞으

스페이스X의 우주 관광은 경쟁사에 비해 시기는 늦었지만, 확연히 다른 수준의 우주 관광 경험을 제시했다는 평가를 받는다. 블루오리진과 버진갤럭틱의 비행체가 상공 100km 부근의 고도에 머문 것에 비해 스페이스X는 고도 580km에 도달했고, 우주 체류 시간도 수십 분 단위가 아닌 무려 3일에 달한다. 스페이스X는 크게 네 단계에 걸쳐 인간의 우주 비행 미션을 제시하고 있는데, 그 첫 번째가 이번 우주 관광에서 도전한 지구 궤도고, 다음으로 우주정거장, 달, 화성의 순이다. 여기에는 인류의 삶을 다행성화하겠다(making humanity multiplanetary)는 일론 머스크의 의지가 담겨있다. 사진은 화성에서 이륙하고 있는 스타십의 렌더링 이미지.

로 10년 정도 지나면 우주 관광도 보편화될지 모를 일이다.

우주 관광의
세 가지 요소

●

우주 관광에서 중요한 것은 발사체의 경제성과 안전성, 그리고 수요 확보다. 사실 이 세 가지는 우주 관광뿐 아니라 성공적인 우주 비즈니스를 가름하는 주요한 요인이기도 하다.

사실 인류의 우주 관광은 이번이 처음이 아니다. 2001년 4월

28일 미국인 사업가 데니스 티토Dennis Anthony Tito는 2,000만 달러(약 230억 원)를 지불하고 세계 최초의 우주 관광객으로 러시아 소유스 TM-32 로켓을 타고 국제우주정거장을 방문해 약 8일간 머물렀다. 이후 2009년 캐나다 출신 억만장자이자 태양의 서커스 엔터테인먼트그룹의 CEO인 기 랄리베르테Guy Laliberté도 우주정거장에 12일간 체류한 바 있다.

현재까지 우주 관광은 모두 러시아의 우주선 소유스를 이용했다. 티토의 우주 관광 이후 미국 내 우주 관광을 위한 발사체 개발에 뛰어드는 기업들이 우후죽순으로 생겼지만, 천문학적인 비용으로 인해 지속적인 수요를 창출하지 못하고 대부분의 회사가 파산 위기에 처하게 됐다.

우주 관광에 있어서, 경제성(비용 절감)과 함께 중요하게 고려되는 것은 바로 안전성이다. 안전성 확보는 기술 개발의 성숙도가 어느 정도 충족된 현시점에서도 여전히 중요한 요인이다.

1986년 1월 28일 미국의 우주왕복선 챌린저호의 공중 폭발을 시작으로 2014년 버진갤럭틱의 첫 시험 비행에선 우주 비행선이 산산이 조각나, 조종사 1명이 사망하고 다른 1명은 중상을 입는 비극이 발생했다. 이로 인해 버진갤럭틱의 시험 비행은 2016년까지 중단되기도 했다.

스페이스X의 경우 2006년 팰컨 1호를 발사했으나 화재로 띄우지 못했고, 2차, 3차 발사에도 연이어 실패하다가 극적으로 2008년에 4차 발사에 성공했다. 또한 2015년에도 국제우주정거장에 물자를 운반하던 무인 로켓이 또 한 차례 폭발해, 최근까지도 발사체의 안전성을 높여야 하는 도전 과제가 남아있다.

한편 국내의 경우에는 안정적인 수요 확보가 우주 관광의 가장 큰 이슈로 떠오른다. 2019년 과학기술정책연구원이 실시한 민간 우주산업 활성화와 관련된 한 설문조사에서 민간 우주 회사가 겪고 있는 어려움에 대해 가장 많은 응답자가 수요 부족(48.1%)이라 답변했다. 관련 기술이나 제품·부품을 필요로 하는 프로젝트가 부족하고, 위성 등은 수입산 부품 의존도가 높아 시장성이 떨어진다는 것이다. 상황이 이렇다 보니 우주산업에 관여하는 국내 기업 약 300곳 중 절반 이상은 연 매출 10억 원이 안 되는 실정이다. 따라서 국내 우주산업 육성을 위해서는 경제성, 안전성과 더불어 안정적인 수요 확보가 우선시돼야 하며, 이는 이제 막 성장을 시작하는 글로벌 우주경제에 편입할 수 있는 토대가 될 것이다.[5]

현재 우주 관광 사업에서 선두를 달리고 있는 버진갤럭틱, 블루오리진 및 스페이스X의 경우 자금 및 기술력을 동시에 갖췄다는 평가가 다수다. 그렇지 않은 회사들도 기업 인수합병 특수법인을 이용하는 등 경기변동에 영향을 덜 받는 방법으로 자금을 조달하고 있다. 재활용 발사체를 통해 비용을 절감했고 시험 발사를 통해 안전성에 대한 부분도 검증이 이뤄지고 있는 상황이다. 특히 NASA와의 긴밀한 협력은 안정적인 수요를 창출하는 효과까지 누릴 수 있는 배경이 됐다. 이러한 측면에서 글로벌 우주 관광 선두기업들의 사례는 국내 우주산업 시장에 시사하는 바가 크다.

우주산업의 로켓에 올라타라

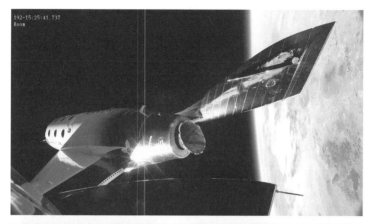

출처: 버진갤럭틱, 블루오리진

2021년 7월 11일, 민간 최초의 우주 관광 타이틀을 가져간 버진갤럭틱의 우주 비행선 VSS 유니티(위)와 같은 달 20일 106km 상공의 카르만 라인에 돌파했다가 관광을 마치고 지구로 돌아온 블루오리진의 뉴 셰퍼드(아래). 제프 베이조스와 리처드 브랜슨, 두 억만장자가 우주 관광의 꿈을 현실로 만든 이후, 관련 산업에 뛰어드는 기업이 점차 늘어나며 우주 여행의 보편화가 가속될 전망이다.

04

*

모빌리티 산업의 패러다임을 바꾸다
한화와 현대자동차

모빌리티 생태계부터
부동산까지

●

도시의 하늘길을 열어줄 UAM(도심항공 모빌리티)에 대한 관심이 커지면서 우주항공 기업과 자동차 기업 간의 경계가 허물어지고 있다. 개인용 비행체 사업에 적극적으로 뛰어든 현대자동차를 전통적인 완성차 제조 기업으로만 볼 수는 없을 것이다. 그만큼 모빌리티 산업의 패러다임 자체가 변화하고 있다.

최근 자동차 산업에서는 'MaaS Mobility as a Service'라는 키워드가 새롭게 대두되고 있다. MaaS는 '서비스로서의 모빌리티'라는 뜻으

우주산업의 로켓에 올라타라

로 과거 자동차 산업이 완성차 제조와 소유에 중점을 뒀다면, 지금은 그 범위가 서비스와 공유의 영역으로 확장되고 있음을 보여준다. 즉, 단순히 자동차나 기체를 만드는 제조를 넘어 교통수단, 이동 계획, 예약 그리고 결제 서비스 등을 통합함으로써 사용자 중심의 모빌리티 생태계를 구축하는 방향으로 전환되고 있는 것이다.

그 중심에 바로 UAM이 있다. 일명 플라잉카, 에어택시로 불리는 UAM은 활주로 없이 수직이착륙이 가능한 소형 항공기를 활용한다. 화석연료 대신 전기 에너지를 사용하는 신개념 친환경 이동 수단으로서 미래 도시의 교통 혼잡을 해결할 방안으로 손꼽히고 있다.

뿐만 아니라, UAM이 전 세계 부동산 시장을 바꿔놓을 것이라는 분석도 나온다. 2020년 하이투자증권이 발표한 〈UAM, 3차원의 길을 연다〉 보고서에 따르면 "UAM이 뜨고 내리는 정거장을 구축하는 데 대도심의 건물 옥상이 활용될 수 있다"라며 "지금까지 건물 1층에 스타벅스와 같은 매장의 입주 여부가 부동산 가치를 좌우했다면, 앞으로는 옥상에 UAM 거점이 있는지 없는지 여부가 중요해질 것"이라고 평가했다. UAM이 상용화될 것으로 예상되는 2030년쯤엔 국내 부동산 시장도 기존의 강남과 마포, 용산, 성동 중심에서 재편될 수 있다는 것이다. 실제로 2020년 조비 에비에이션에 매각된 우버 엘리베이트가 부동산 개발사와 손잡고 고층 빌딩 옥상을 UAM 이착륙 거점으로 활용하는 '스카이포트Skyport' 전략 투자 사업을 진행한 사례는 UAM이 이끌 새로운 시장에 대한 가능성을 보여주기에 충분했다.[6]

우버 스카이포트 디자인 상상도

우버 엘리베이트의 주요 협력 업체

업체명	소개	업체명	소개
NASA	UTM-무인 항공 시스템 개발을 위해 약정 체결	Hill wood	상업 및 거주용 부동산 개발
ARL	미 육군 연구소	Launch Point Technologies	무인기 시스템을 위한 첨단 전력 및 추진 시스템 전문
Applied Scientific Research	계산 및 알고리즘 개발 전문 컨설팅	M4 Engineering	항공 및 구조 분야 엔지니어
Charge Point	세계에서 가장 크고 개방된 EV 충전 네트워크 충전 솔루션을 개발	MOLICEL	리튬 이온 배터리 개발 및 제조
ESAero	연구, 항공기 개조, 축소 시현기 개발 등 엔지니어링 제공	UT Austin	로터 제작, 특성 분석, 시험
Georgia Tech	NASA와 협력이 많은 전문 공대를 보유한 대학으로 시스템 안정성 분석, UAM 시장 연구 등 수행	AT&T	미국 최대 이동통신사

우주산업의 로켓에 올라타라

이렇듯 도시의 교통 및 환경문제를 해결하기 위한 수요적인 측면과 기술의 진보와 융합이라는 공급적인 측면에 기반해 UAM이 주요 산업으로 부상하면서, 국내에서도 많은 기업이 초기 UAM 시장을 선점하기 위해 경쟁을 벌이고 있다.

UAM이 상용화되기 위해서는 항공기는 물론 이를 뒷받침하는 인프라, 서비스까지 갖춰져야 하므로 많은 기업들이 UAM 생태계를 구축하기 위해 우선적으로 노력하고 있지만, 아직 국내 UAM 시장엔 교통 관리 시스템, 관련 규제 및 기준 설립, 배터리·기체 제조 기술, 충전 인프라 구축 등 복합적인 도전 과제가 많이 남아있다. 전문가들은 국내 UAM 산업이 성장하기 위해서는 정부, 기업, 군 등 관련 참여자 간의 협력을 통한 UAM 산업 생태계 구축이 더욱더 중요하다고 강조한다.

국내 UAM 생태계 구축은 한화시스템과 현대자동차를 중심으로 협력 체계가 구성되고 있다. 두 회사는 UAM 생태계를 만들기 위해 비행체(기체 설계 및 양산·항공 부품·배터리), 인프라(건축·건설·전력·도심 개발), 서비스(운항·통신·금융) 부문에서 비유기적 결합을 목표로 여러 관련 기관과 협력을 넓혀가고 있다.

한화시스템은 SK텔레콤(통신), 한국공항공사(인프라), 한국교통연구원(연구·개발) 등과 현대자동차는 KT(통신), 현대건설(인프라), 인천국제공항공사(인프라), 항공안전기술원(연구·개발), 한국항공대학교(연구·개발), 수출입은행(금융) 등과 함께 협력하는 구도다.

UAM 산업 생태계 구성도

도심항공
모빌리티
생태계

기체 제작사
부품 공급업자

기체 개발
• 전기 수직이착륙기(eVTOL)
• 분산 전기추진 시스템, 고효율 배터리
• 감항 인증

버티포트 운용자

이착륙 시설
• 버티포트 구축/운영
• 탑승자 편의시설

국가 공역/비행
관리 시스템

운항 관리/관제/공역 통제
• 항행 안전 시스템
• 통신, 항법, 보안 시스템
• 조종사 자격 관리

통신/교통 관리
서비스 공급자

연계/플랫폼
• 에어 모빌리티 플랫폼
• 교통 연계 체계

운송 사업자
운송 서비스 사업자

운송/운영/유지
• 기체 운용/모니터링
• 항공교통 관리
• 유지/보수
• 보험

출처: 한국무역협회 국제무역통상연구원

한화시스템, 현대자동차의 UAM 관련 주요 MOU 현황

구분	한화시스템	현대자동차
방산	한화에어로스페이스	LIG 넥스원 (우주항공산업, 대한항공 고려 중)
통신	SK텔레콤	KT
인프라	한국공항공사	현대건설, 인천국제공항공사
연구·개발	한국교통연구원	항공안전기술원, 한국항공대학교
금융	-	수출입은행

출처: 한화시스템, 현대자동차

우주산업의 로켓에 올라타라

항공 및 위성 분야의 강자,
한화시스템

•

먼저 한화시스템은 국내 기업으로는 처음으로 eVTOL 시장에 진출한 가운데, 항공·위성 분야의 경쟁력을 바탕으로 기체 개발을 추진 중이다. 군사 상비를 제조 및 판매하는 방산 부문과 IT 아웃소싱 등 서비스를 판매하는 ICT 사업 부문으로 나눠 운영하고 있으며, 참여 중인 핵심 사업으로는 첨단 ICT 기술을 바탕으로 항공전자, 우주, 감시정찰Intelligence, Surveillance and Reconnaissance, ISR, 전술지휘자동화체계Command, Control, Communication, Computer and Intelligence, C4I, 정밀타격Precision Guided Munition, PGM 등이 있다. 특히 KF-21 한국형 전투기의 4대 핵심 기술 중 AESA 레이더, 전자광학표적추적장치EOTGP, 적외선탐색추적장치IRST 등 세 가지를 개발하고 있다.

UAM과 관련해서 2020년에는 약 2,500만 달러(약 287억 원)를 투자해 미국 개인 항공기 개발 전문 기업인 오버에어의 지분 30%를 인수하고 조종사를 포함해 5명까지 탑승이 가능한 비행체 버터플라이 개발에 착수했다.

한화시스템이 미국 오버에어와 공동개발 중인 버터플라이는 저소음, 고효율의 틸트로터 기술이 적용된 eVTOL다. 틸트로터는 활주로가 없어도 헬기처럼 수직이착륙이 가능하고 공중에서 회전 날개를 앞으로 기울이며, 항공기와 같이 먼 거리를 빠르게 비행할 수 있는 장점이 있다.

한화시스템이 미국 오버에어와 함께 개발 중인 버터플라이. 한화시스템은 2024년까지 기체 개발을 마칠 계획이다.

현재 한화시스템과 같이 틸트로터 방식의 비행체를 개발하는 회사로는 미국 조비 에비에이션의 S-4 기종이 대표적이다. 틸트로터는 분산 전기추진 방식을 사용하기 때문에 하나의 프로펠러나 로터가 고장 나더라도 안전하게 이착륙이 가능하며, 한국과 같이 산악 지형이 많고 활주로가 부족한 작전 환경과 높은 빌딩이 많은 도시 지역에 적합한 기종으로 평가받는다.

한화시스템은 버터플라이에 일반 틸트로터보다 성능이 좋은 '최적 속도 틸트로터OSTR' 기술을 적용했는데, 이는 경량 복합재와 고효율 공기역학 기술을 통해 기존 틸트로터 항공기에 비해 최대 5배 높은 연비 효율을 제공할 수 있다. OSTR 기술은 로터의 회전수 및 방향을 제어해, 순항과 제자리 비행에 제한이 없다. 또한 에어택시

우주산업의 로켓에 올라타라

버터플라이와 S-4 비교

구분	한화시스템	조비 에비에이션
기체	버터플라이	S-4
특징	• 4개 틸트로터, 5명 탑승, 최대 30분 비행 • 최고 속력 320km/h, 15dB 낮은 소음 • OSTR(최적 속도 틸트로터) 특허기술	• 5인승, 최고 속력 322km/h, 비행거리 241km • 2020년 미국 공군 감항 인증 획득 • 2024년 민간 상용 서비스 론칭 계획

출처: 한화시스템, 조비 에비에이션

기체의 이착륙과 순항 순간의 균형을 맞춰 안정성과 효율성을 최적
화하며, 기체 소음을 줄여준다는 장점이 있다. 조종사 1명과 승객
4명, 그리고 추가로 수하물을 적재할 수 있으며 향후 승객이 최대
5명까지 탑승할 수 있도록 원격 조종을 연구 중이다. 현재보다 비행
시간을 30분 정도 늘리기 위해서도 노력하고 있다.

또한 한화시스템은 2020년 7월부터 한국공항공사와 함께 에어택
시가 뜨고 내릴 수 있는 버티허브Vertihub(도심항공교통용 터미널인 버티포
트Vertiport의 상위 개념)를 김포공항에 구축하는 방안을 구상 중이다.

한화시스템의 최대 강점은 방산 분야와 시너지를 낼 수 있다
는 것이다. 계열사인 한화에어로스페이스가 2020년을 기준으로
9,000대 이상의 항공기 엔진을 생산하고 있는 국내 유일의 헬기, 전

한화시스템이 한국공항공사와 함께 김포공항에 설치하기로 한 버티허브 조감도. 한화시스템은 곧 도래할 UAM 시대를 대비해 이착륙 인프라 구축에 앞장서고 있다.

투기 엔진 제작 기업이기 때문이다. 한화시스템은 2024년까지 버터플라이 기체 개발을 마치고, 2025년에는 서울-김포 노선을 시범 운행할 계획이다.

도로에서 하늘로,
그리고 우주로

•

현대자동차는 2020년 12월 '현대자동차 2025 전략'을 공개하면서 UAM 부문에 본격적으로 뛰어들었다. 전기차, UAM, 자율주행, 연료전지 등 핵심 미래사업 전략과 혁신적인 모빌리티 솔루션 제공 및 수소 생태계 이니셔티브를 주요 내용으로 담고 있다.

앞서 현대자동차는 미국 라스베이거스에서 열린 CES 2020에서 현재 개발 중인 UAM의 콘셉트 S-A1을 공개했다. 안전성을 최우선으로 하며 저소음, 경제성, 접근 용이성, 승객 중심의 4대 원칙을 바탕으로 개발 중인 S-A1은 활주로 없이도 비행이 가능한 전기추진 수직이착륙 기능을 탑재했다.

8개의 로터를 이용해 비행하며 크기는 날개 15m, 전장 10.7m다. 조종사를 포함해 5명이 탑승할 수 있고, 최대 비행 거리는 약 100km, 최고 속력은 290km/h다. 이착륙 장소에서 승객이 타고 내리는 5분여 동안 재비행을 위해 고속으로 배터리를 충전할 수 있는 기능도 탑재하고 있다. 한화의 버터플라이와 마찬가지로 상용화 초기에는 조종사가 직접 조종하지만, 자동비행 기술이 안정화된 이후부터는 자율비행이 가능하도록 개발할 예정이다.

UAM 시장을 주도하기 위해 현대자동차는 우선 승객 및 화물 운

현대자동차 2025 전략

사업 구조	• 모빌리티 제품 및 서비스에 수소 솔루션 추가한 3대 사업 구조 구축
투자 규모	• 2025년까지 총 60조 1,000억 원 투자
전기차	• 2040년까지 글로벌 주요 시장 전 라인업 전동화
수소연료전지	• 수소연료전지 브랜드 'HTWO' 론칭. 선박 및 기차, UAM 등으로 확대 • 2030년 70만 기 수소연료전지 판매 목표
자율주행차	• 2022년 레벨3 자율주행차 양산 시작. 레벨4, 레벨5 완전 자율주행 기술 상용화 박차
UAM	• 2026년 하이브리드 파워트레인을 탑재한 화물용 무인 항공 시스템 공개 • 2028년 도심 운영에 최적화된 완전 전동화 UAM 모델 출시 • 2030년대에는 인접한 도시를 서로 연결하는 지역 항공 모빌리티 제품 출시

출처: 파이낸셜뉴스

송 시장을 모두 아우르는 전략을 추진하고 포괄적인 제품군 구축에 나설 계획이다. 2026년 하이브리드 파워트레인을 탑재한 화물용 무인 항공 시스템Unmanned Aircraft System, UAS을 시장에 최초로 선보이고, 2028년에는 도심 운영에 최적화된 완전 자동화 UAM 모델을 출시한다. 이어 2030년에는 인접한 도시를 연결하는 지역 항공 모빌리티 제품을 선보일 예정이다.

현대자동차의 강점은 글로벌 경쟁력을 갖춘 자동차 제조 경험이다. UAM 기술 개발 초기 단계부터 제조 가능성을 고려해 제품을 설계함으로써, 비용은 낮추고 대량 생산이 가능한 방안을 구상하고 있다. 아울러 자사의 수소연료전지 기술을 적극적으로 활용해 효율성을 갖춘 항공용 수소연료전지 파워트레인의 개발도 추진할 계획이다.[7]

특히 물류 운송용 UAM은 연료와 배터리를 함께 쓰는 하이브리드 형태를 거치지 않고 수소연료전지를 적용하는 방향으로 가닥을 잡은 것으로 알려졌다. 여객 수송에 비해 물류 운송은 장거리 수요가 많고 적하 무게가 많이 나가기 때문에, 이러한 측면에 수소연료전지를 활용하는 것이 효율적일 뿐만 아니라 탄소 배출이 없어 친환경적이기도 하다. 다만 항공용 수소연료전지 기반의 파워트레인 개발이 필수인 만큼, 기존의 배터리를 사용하는 여객 수송 UAM보다 상용화 시기는 다소 늦춰질 것으로 보인다. 하지만 국내 시장은 잠재적으로 여객 수송보다는 물류 중심의 UAM 수요가 높다는 점, 그리고 국내에 비해 상대적으로 UAM 관련 규제 완화 및 표준이 빠

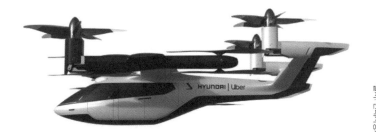

현대자동차가 우버와 손잡고 개발 중인 UAM 콘셉트 모델 S-A1. 조종사를 포함해 총 5명이 탑승할 수 있으며, 최고 속력은 290km/h에 달한다. 약 300~600m 상공에서 비행하는 S-A1은 1회 충전 시 최대 100km의 거리를 비행할 수 있으며, 승객이 타고 내리는 이착륙 장소에서 약 5~7분 만에 고속 배터리 충전이 가능하다.

르게 진행될 가능성이 큰 미국 시장에서는 여객 운송을 중심으로 하는 투 트랙 전략을 구체화하고 있다는 점에서 현대자동차의 UAM 사업은 국내외 시장의 흐름에 발 빠르게 대처할 것으로 예상된다.

한편 현대자동차는 영국의 UAM 인프라 전문 기업 어번 에어포트Urban Air Port의 메인 파트너사로서, 영국 코번트리 지역에 생기는 세계 최초 플라잉카 공항 에어원Air One 건설에 참여하고 있다. 에어원은 전력을 기반으로 운행되는 드론이나 에어택시, UAM 등이 수직으로 이착륙할 수 있는 형태의 공항으로 건설될 예정이며, 탄소중립 정책에 따라 매연 배출이 '0'인 플라잉카만 뜨고 내릴 수 있다.[8] 2028년 상용화를 목표로 개발 중인 현대자동차그룹의 UAM을 비롯해 각종 에어택시와 물류, 배송 드론 등이 모두 뜨고 내릴 수 있는 핵심 허브가 될 전망이다.

UAM은 기존 항공 분야와 달리 아직 시장을 주도하는 기업이나 국가가 없는 새로운 미래 시장이다. 한국은 선진국 대비 항공 분야의 기술력이 비교적 약한 편이지만, 핵심 기술을 내재화하면서 글로벌 기업과의 오픈 이노베이션을 활용한다면 UAM 시장에서 빠르게 경쟁력을 확보해나갈 수 있다. 이러한 가능성에 주목해 최근 정부는 민간의 UAM 기술 투자에 맞춰 UAM의 상용화 및 기술 특화 등을 지원하는 단계별 추진 전략을 마련하고 있다. 이렇듯 정부 차원의 지원이 뒷받침된다면 국내 기업들 역시 UAM 운영, 유지뿐만 아니라 터미널 등 기반 시설과 관련된 서비스 영역에서 충분히 경쟁할 여지가 있을 것이다.

우주산업의 로켓에 올라타라

세계 첫 플라잉카 공항 에어원

지역	영국 버밍엄 인근 코번트리시	준공 시기	2021년 11월(예정)
사업 주체	영국 어번 에어포트(현대자동차그룹 협력)	총사업비	4,600억 원
목표	5년간 전 세계 200곳에 추가 건립 계획		
역할	전기 구동 플라잉카 전용 공항 • 도심항공 모빌리티(UAM), 에어택시, 드론 이착륙 • 전기차 등 친환경 교통수단 환승 시설 마련 • 드론 원격제어, 충전, 화물 적재시설 동반		

출처: 매일경제, 현대자동차EU

05

초연결 시대를 완성하는 뉴 비즈니스 모델

스페이스X와 원웹

**새로운
초고속 인터넷의 등장**

●

우주 인터넷으로도 불리는 저궤도 위성 통신 서비스는 고도 1,200km 이하 지구 저궤도에 수천 개의 위성을 띄워 지구 전역에 초고속 인터넷을 제공하는 것을 말한다. 저궤도 위성의 경우 2,000km 이하의 상공에서 이동하기 때문에 지상과 거리가 가까워 평균 지연 시간이 0.025초로 짧다. 따라서 저궤도 위성 통신 서비스를 이용하면 LTE의 지연율(0.02초)에 상응하는 속도의 초고속 인터넷 서비스를 제공할 수 있다. 또한 남·북극이나 사막처럼 기존 인터넷이 들어갈 수 없는 극한의 오지에서도 인터넷을 이용할 수 있다는 장점이 있다. 미국 스페이스X의 스타링크, 아마존의 카이퍼 프로젝트 그리고 영국의 원웹 등이 대표적인 우주 인터넷 서비스다.

2020년 5월 미국 육군은 기존의 위성 통신을 보완하기 위해, 스타링크의 광대역 우주 인터넷을 군사 네트워크의 데이터 전송 수단으로 사용하는 실험을 계약한 바 있다. 민간 부문의 기술과 서비스를 평가하는 협력연구·개발협정CRADA의 일환으로, 약 3년에 걸쳐 저궤도 인터넷 네트워크로서 스타링크의 성능을 평가하고, 스타링크를 이용하기 위해선 어떤 지상 장비가 얼마만큼 필요한지 검토하는 내용이다.

텍사스 오스틴대학교가 2020년 발표한 보고서에 따르면 현재 미 육군이 사용하고 있는 GPS의 경우 지구로부터 약 20,000km 상공에 있는 30여 개의 위성으로 구성돼 있는데, 이러한 GPS는 신호가 약할 뿐만 아니라 전자전이나 간섭에 취약하다는 약점이 있어 대안이 필요하다는 결론에 도달했다. 특히 중국과 중동으로부터의 공격에 취약하다는 점은 GPS에 의존하고 있는 미군에게 치명적일 수 있다는 점에서 저궤도 위성 통신이 GPS의 대안이 될 수 있음을 강조했다.[9]

미래전 수행의 핵심은 지휘 체계의 보장에 있다. 오늘날 다양한 첨단 기술의 도입과 함께, 전장 영역이 우주로 확장되고 합동 및 연합작전을 수행할 소요가 증대되면서 지휘통제 역량을 강화할 필요성이 더욱더 커지고 있다. 동시에 민군간 협력 체계 및 유무인 체계까지 효과적으로 통합하는 지휘통제통신Command, Control, Communication, C3 역량은 필수적이다.

이러한 측면에서 미군은 5/6G 이동통신망, 클라우드 컴퓨팅, 인공지능, 인지 스펙트럼, 민첩성 등 첨단 기술과 더불어 우주 인터넷의 활용을 확대하고 있다. 이는 중국 및 러시아와의 경쟁에서 전략적 우위를 유지하기 위해 미 국방성이 추진하고 있는 디지털 현대화 전략DoD Digital Modernization Strategy이라는 큰 틀에서 진행된다. 즉, 첨단 기술을 신속하게 통합할 수 있도록 네트워크화된 C3 솔루션을 민간 영역에서 찾고, 이를 통해 지휘관은 신속하게 데이터 중심적인 지휘 판단을 내리며 효율적인 작전 템포를 유지할 수 있는 것이다.

이러한 C3 역량 강화의 중요성은 마크 밀리 미국 합동 참모 의장이 2021년 4월 승인한 합동전영역지휘통제Joint All-Domain Command and Control, JADC2 전략의 큰 방향성과 일치한다. 미국은 육상, 해상, 공중, 우주, 사이버 전력을 이용해 적에게 대응하는 다영역 접근, 즉 '합동전영역작전'을 추진하고 있다. 합동전영역작전은 지휘관이 전 영역에서 수집된 정보를 바탕으로 합동 전력을 이용해 작전을 수행할 수 있도록 하는 것이며, 이를 위해선 정보 수집과 전술 통제를 단일화하는 JADC2가 필요하다. 이 과정에서 우주 인터넷의 활용성은 더욱 커질 것이다.

특히 로버트 에이브럼스 주한 미군 사령관은 JADC2를 한반도에 적용할 수 있음을 시사한 바 있다. 에이브럼스 사령관은 2021년 3월

하원 군사위 청문회에 제출한 서면 답변에서 "JADC2에 대한 추가적 투자는 미 합동군과 임무 기반 우방군의 전장 공간 인식 능력을 더욱 개선시켜, 억제하고 싸우며 승리하게 할 것"이라고 밝혔다.

또한 "임무파트너환경Mission Partner Environment, MPE의 공동 연결망 표준 규격을 향한 계속되는 전환 노력은 한·미 동맹과 기타 동맹국들 간 유기적인 통신을 허용하게 될 것"이며 "이는 합동전영역 지휘통제에 대한 보완적인 역량이자, 자신의 자원조달 최우선 과제로 남아있다"고 말했다. MPE는 미군과 동맹군이 별도로 운용해 온 정보명령 체계에서 탈피해, 상호 운용성을 극대화하는 통합된 연결망 중심의 전장 환경으로 전환하는 것을 뜻한다. 상호 운용성 유지 측면에서 한·미 연합작전 수행을 위해 미국이 추진하고 있는 JADC2가 한국에 적용될 가능성이 크다.

이를 위해 최근 미 공군은 저궤도 및 정지궤도 위성군과 호환이 가능한 상용 평면 안테나를 제작하는 민간 기업 카이메타Kymeta와 9억 5,000만 달러(약 1조 925억 원) 규모의 '비확정 수량조달 계약Indefinite Delivery, Indefinite Quantity, IDIQ'을 체결한 바 있다. IDIQ 계약이란 기간이나 공급 수량을 특정하지 않고 공급 단가만을 사전에 합의하는 형태를 말하는데 연방 조달, 특히 IT 계약의 상당수가 IDIQ 계약 형태로 이뤄진다.

기업은 순수 민간 자본을 이용하여 위성 등의 제품을 연구·개발하고, 고객(정부)은 그 성능이 요구사항을 충족한다고 판단할 경우 기본계약과 옵션계약의 형태로 민간이 개발한 제품을 구매하겠다는 의사를 표명하는 방식이다. IDIQ 계약을 진행할 경우 해당 민간 기업은 벤처 투자자 등으로부터 투자 유치가 용이해지므로 이같은 시스템을 적절히 활용한다면 결과적으로 민간 기업의 혁신적인 도전을 유인할 수 있다는 장점이 있다.

이 계약은 미 국방부가 지·해상 및 공중뿐만 아니라, 우주·사이버 및 전자기 스펙트럼에 걸친 전 영역 통합군을 연결하고자 하는 노력의 일환으로 이뤄졌다. 이를 통해 미 국방부는 카이메타로부터 끊기지 않고 방해가 없는 모바일 위성 서비스를 제공받을 수 있을 것이다. 미국과 군사적으로 긴밀한 협력 관계를 맺고 있는 우리나라도 머지않아 이러한 역량이 필요하게 될 것으로 보인다.

지상 초고속 인터넷의 대안으로 주목받고 있는 우주 인터넷은 특히 산악지형 등 험한 지리적 환경에서 작전을 수행하는 군의 활용도가 높다. 뿐만 아니라 새롭게 등장하고 있는 모빌리티 산업인 자율주행 자동차나 UAM 분야에서도 적극 활용될 수 있다. 지상 기지국이 커버하지 못하는 영역에서 데이터 통신이 필요한 제품과 서비스가 앞으로 계속 등장함에 따라 우주 인터넷 시장은 더욱 성장할 것으로 예상된다. 한 예로 한화시스템은 UAM 개발을 추진함과 동시에, 그룹 차원에서는 한국과학기술원KAIST과 함께 우주연구센터를 설립하고 저궤도 위성 통신 분야의 기술 개발을 서두르고 있다. 저궤도 위성 통신을 UAM에 활용해 시너지를 낼 수 있을 것으로 기대하기 때문이다.

우주산업의 로켓에 올라타라

글로벌 TOP2,
스타링크와 원웹

●

현재 우주 인터넷을 선도하는 업체는 단연 스페이스X다. 스페이스X는 2019년 5월 저궤도 인공위성 기반의 전 세계 인터넷망 스타링크 구축을 위한 첫 번째 인공위성 발사에 성공한 이래 2021년 8월 기준 1,740개의 위성을 지구 저궤도에 발사했다. 1957년 이후 지구 궤도로 발사된 전체 인공위성이 9,000개 정도인데, 스페이스X는 스타링크 계획을 위해서만 이미 1,800개 가까이 쏘아 올렸다는 점에서 그 규모가 어느 정도인지 가늠해볼 수 있다.[10]

2021년 초부터는 유럽 일부 지역과 호주, 뉴질랜드 등에서도 스타링크의 베타 서비스가 시작됐다. 일론 머스크는 2021년 5월 바르셀로나에서 열린 세계 최대 모바일 박람회 MWC 2021 기조연설에서 "8월부터 극지방을 제외한 전 세계에 인터넷 서비스를 개시할 것"이라며 "앞으로 1년 이내에 50만 사용자를 확보하겠다"라고 강조했다.[11]

현재 스페이스X는 재활용 로켓인 팰컨 9호를 사용해서 한 달에 한 번꼴로 60개의 스타링크 위성을 궤도에 올리고 있다. 2021년 5월부로 첫 번째 궤도 위성망 구축 작업을 마무리한 스페이스X는 '셸Shell'이라고 불리는 5개의 궤도 위성망을 2027년 3월까지 단계적으로 구축하겠다는 구상이다. 현 계획상 1만 2,000개의 위성은 각기 다른 3개의 궤도 층에 배치될 예정으로, 최종적으로 2027년까지

4만 2,000개의 통신 위성을 550km 상공 지구 저궤도에 올리는 것이 목표다. 저궤도 상에 배치되는 위성의 수가 증가할수록 기술이 고도화되고 서비스 품질은 점차 개선될 것으로 보인다.

스페이스X는 일반 고객과 직접 계약할 뿐만 아니라 구글 같은 기업과도 협력하고 있다. 2015년에 이미 구글은 스페이스X에 9억 달러(약 1조 350억 원)를 투자했으며, 2021년 5월 중순에는 구글의 클라우드 데이터 센터에 스타링크의 지상국을 설치하기로 전략적 제휴를 체결했다. 구글 외에도 마이크로소프트와는 네트워킹 지연 시간을 최소화하기 위한 모바일 엣지 컴퓨팅MEC 기술을 접점에 두고 협력하기로 했다.

그뿐만 아니라 스페이스X는 정부와도 긴밀한 협력을 이어나가고 있다. 미국연방통신위원회FCC가 농촌의 디지털 격차 해소를 위해 향후 19년간 92억 3,000만 달러(약 10조 6,145억 원)의 보조금을 지급하는 기금인 RDOFRural Digital Opportunity Fund를 마련하자, 스페이스X는 미국 내 35개 주에서 저궤도 위성 기반의 접속 서비스를 제공한다는 조건으로 8억 8,600만 달러(약 1조 189억 원)의 보조금을 지원받기도 했다. 일반 고객, 군, 통신 기업 및 정부와의 협력을 바탕으로 진행되는 스페이스X의 스타링크 구축에는 총 100억 달러(약 11조 5,000억 원)의 비용이 발생하지만, 추후 사업이 본격화되면 한 해에만 300억 달러(약 34조 5,000억 원)를 벌어들일 것으로 예상하고 있다. 최근 머스크는 SNS를 통해 스타링크의 상장 가능성까지 시사하고 있어, 앞으로도 한동안 스페이스X는 우주 인터넷 분야를 선도해나

우주산업의 로켓에 올라타라

스페이스X와 원웹의 우주 인터넷 비교

구분	스타링크	원웹
위성 이미지		
사업 주체	스페이스X	원웹
현재 위성 수 (2021년 8월)	1,740개	254개
목표 위성 수	1만 2,000개(2027년) 추후 4만 2,000개	648개(2022년) 추후 6,372개
위성 궤도	고도 550km	고도 1,200km
위성 무게	260kg	150kg
사업 방식	고객과 직접 계약	통신사와 계약

출처: 스페이스X, 원웹

가며, 세계 우주산업의 구심점 역할을 할 것으로 기대된다.

2012년 설립된 영국 원웹은 2021년 7월 기준 36개의 인터넷 위성을 추가로 발사했다. 지금까지 원웹이 지구 저궤도에 배치한 위성 수는 총 254개로, 목표치(648개)의 40%를 달성한 셈이다. 이로써 북위 50도 이상의 영국, 캐나다, 알래스카, 북유럽, 그린란드와 북극 지역에 인터넷 연결 서비스를 제공할 수 있는 기반이 구축됐다.

물론 지금까지의 과정이 순탄했던 것만은 아니다. 원웹은 자금

난으로 인해 2020년 3월 파산했다가 영국 정부와 인도의 대형 통신 기업 바르티 글로벌Bharti Global이 지분 45%를 10억 달러에 인수하며 재기에 성공했다. 이후 프랑스의 위성 통신 사업자인 유텔샛Eutelsat 과 바르티의 추가 투자에 이어 2021년 8월에는 한화시스템이 3억 달러(약 3, 450억 원) 규모의 투자를 결정하면서, 원웹은 영국 정부, 바르티, 유텔샛, 소프트뱅크 그리고 한화시스템 등으로 이사회를 구성하게 됐다.

원웹은 2022년에 본격적인 글로벌 서비스를 제공할 계획이다. 2021년 11월에 정식으로 서비스를 출시할 계획인데, 이에 앞서 지난 여름부터 알래스카, 캐나다 등에서 시범 서비스를 시작했다. 보리스 존슨Boris Johnson 영국 총리는 "2021년 말에는 북반구 전체에 고속 광대역 서비스가 가능할 것"이라고 말했다.

원웹과 스타링크는 사업 방식이 다르다. 원웹은 통신사를 통해 연결 서비스를 제공하는 반면 스타링크는 직접 개인 고객에게 서비스를 판매한다. 따라서 스타링크의 위성 통신 서비스를 이용하려면 월 이용료 99달러(약 11만 5,000원) 외에, 499달러(약 57만 5,000원)를 지불하고 위성 안테나 접시 등의 장비를 구매해야 한다. 현재 장비는 제조 원가가 높아, 스페이스X는 원가를 200~300달러로 낮출 수 있는 차세대 단말기를 개발하고 있다.

한편, 원웹은 현재 경쟁사인 스페이스X나 러시아의 소유스 로켓 등을 임대해서 인공위성을 쏘고 있다. 최근 배치한 36개의 위성도 유럽의 발사체 업체인 아리안스페이스Arianespace의 로켓으로 발사했

우주산업의 로켓에 올라타라

다. 그러다 보니 발사의 신속성이나 원가 경쟁력에서도 스페이스X
에 뒤질 수밖에 없는 구조다.[12]

그러나 엔터프라이즈급 연결망 서비스를 제공하며 글로벌 역량
을 확장함에 따라, 원웹은 최근 영국의 대형 통신 기업 비티BT와 오
지 지역에 대한 디지털 통신 서비스 양해각서를 체결하는 등 록 네
트워크ROCK Networks, 아스트 그룹AST Group, 알래스카 커뮤니케이션즈
Alaska Communications 등의 기업과 함께 여러 산업 및 비즈니스를 아우
르는 파트너십을 맺고 있다. 전 세계의 통신사와 인터넷 서비스 제
공자ISP 및 정부와 지속적인 협력을 통해 비교적 이른 시일 내 북반
구 전체에 고속 광대역 인터넷 서비스 제공이 가능할 것으로 기대
된다.

우주 인터넷 사업을 추진하는 곳이 스타링크와 원웹만은 아니
다. 로켓 개발과 달 탐사 등 우주 관련 주요 프로젝트마다 머스크
와 경쟁을 펼쳐온 베이조스는 아마존의 자회사인 카이퍼 시스템즈
Kuiper Systems를 세워 카이퍼라는 이름으로 저궤도 우주 인터넷 구축
계획을 발표했다. 지난해 7월 미국연방통신위원회로부터 우주 인터
넷 사업 승인을 받았으며 베이조스는 여기에 약 100억 달러를 투자
할 예정이다. 위성 3,236기를 590~630km 상공의 지구 저궤도에 발
사해 우주 인터넷 서비스를 제공한다는 계획이다. 지난 4월 보잉과
록히드마틴이 합작한 로켓 발사 업체 유나이티드 론치 얼라이언스
와 위성 발사 계약도 체결했다. 하지만 아직 위성을 발사하는 단계
까지는 이르지 못했다.

우주 인터넷 사업에 진출한
국내 기업은?

●

국내에서는 주로 ICT 사업을 영위하고 있던 한화시스템이 2020년 3월 유상증자로 확보한 5,000억 원을 투자해 저궤도 위성 통신으로 사업 분야를 확장하고 있다. 한화시스템은 2020년 6월, 영국의 위성 통신 안테나 기술 벤처기업인 페이저 솔루션Phasor Solution을 인수했다. 페이저 솔루션은 육상과 해상뿐만 아니라 항공기 내에서 고속통신을 가능하게 하는 전자식 빔 조향 안테나 시스템을 개발하는 회사다.

2020년 12월에는 최근 미 공군과 계약을 맺은 미국 기업 카이메타에 3,000만 달러(약 345억 원)를 투자함으로써 카이메타 위성 안테나 제품의 한국 시장 독점 판권을 확보했다. 향후 전자식 위성 통신 안테나 공동 개발도 계획하고 있어 한화시스템이 추진하는 위성 통신 안테나 사업은 더욱 확대될 예정이다.

단기적으로 한화시스템의 저궤도 위성 통신 사업 목표는 2023년부터 2025년까지 저궤도 통신 위성 약 1,000여 개를 배치해 크루즈선부터 여객기에 이르는 다양한 운송 수단에 1Gbps(1초에 10억 비트의 데이터 전송)급 통신서비스를 제공하는 것이다. 현재 2023년 시범 서비스 개시, 2025년 정식 출시를 목표로 진행 중이다.[13]

저궤도 위성 통신에 대한 한화시스템의 투자는 자사의 핵심 미래 사업 중 하나인 UAM과 시너지를 낼 수 있을 것으로 기대된다.

　　　　　　　　　　　우주산업의 로켓에 올라타라

UAM이 안전하게 비행하기 위해서는 관제 시스템과 통신 등의 인프라 구축이 필수적이기 때문이다. UAM의 비행 고도는 수백 미터 높이로, 지상 통신망을 이용해 신호를 송수신하기에는 한계가 있다. 한화시스템이 저궤도 위성 통신 역량을 갖추게 되면, 관제와 통신부터 UAM 서비스까지 종합적인 서비스 제공이 가능해지는 것이다.

한편 미국 MIT의 항공 및 우주항행학부 연구진은 저궤도 위성 통신을 준비하고 있는 기업들의 서비스 방식을 비교 분석한 최근 보고서를 통해 군집 위성망은 현재의 지상 케이블 네트워크를 대체하지 못할 가능성이 높다고 지적했다. 아직은 우주 인터넷이 기존의 케이블 통신망을 완전히 대체한다기보다는 네트워크를 보완해주는 성격이 짙다고 본 것이다. 그러나 우주 인터넷은 농촌 지역, 극지방 및 해안 지역, 공중처럼 케이블 연결이 불가능해 사각지대로 남아 있던 곳을 없애는 데 크게 기여할 수 있다. 그뿐만 아니라 향후 증가하는 군사적 수요는 물론, 기술 발전과 함께 새롭게 등장하는 각종 서비스에 필요한 데이터 통신을 담당하며 더욱더 많은 민간 수요를 창출하리라는 것은 분명한 사실이다.

06

스타트업과 함께 다시 도약하는 전통 강자

보잉

사내 벤처캐피털로
새롭게 도약하는 올드 스페이스

●

스페이스X, 블루오리진 등 혁신적인 기술 스타트업이 뉴 스페이스 시대를 이끌어가면서 기존의 글로벌 우주항공 및 방위산업체 역시 새로운 혁신을 추진하지 않을 수 없게 됐다. 록히드마틴, 노스럽 그루먼과 함께 미국의 3대 우주항공 및 방위산업체인 보잉이 그 대표적인 예다.

보잉은 세계 최대의 항공기 제작 회사이자 우주 및 국방 기술 분야에 있어 글로벌 선두기업 중 하나다. 미국을 비롯해 전 세계

150여 개 국가에 제품을 수출하고 있으며, 상업 및 군에서 쓰이는 항공기, 위성, 방어 및 발사 시스템, 첨단 정보통신 시스템뿐만 아니라 물류 및 훈련에 이르기까지 우주항공에 관련된 대부분의 분야에서 사업을 진행하고 있다.

보잉은 2021년 8월 '호라이즌X HorizonX'를 분사하겠다고 발표했다. 호라이즌X는 우주항공, 서비스 및 세조 분야에 적용할 수 있는 혁신 기술을 개발하는 스타트업에 초기 투자하는 보잉의 사내 벤처 캐피털 부서다. 호라이즌X는 분사 후 사모펀드 기업 AE 인더스트리얼 파트너스 AE Industrial Partners와 파트너십(AEI 호라이즌X)을 체결하고, 우수한 기술과 비즈니스 모델을 가진 잠재력 있는 기업에 본격적으로 투자를 단행할 계획이다.

이제 막 시작 단계에 있는 AEI 호라이즌X는 기존 호라이즌X의 시니어 매니징 디렉터인 브라이언 쉬틀러 Brian Schettler가 이끌어

보잉의 4대 주력 사업

민간 항공	국방, 우주 및 국가안보	글로벌 서비스	보잉 캐피털
보잉 7 시리즈를 비롯한 항공기 제품군으로 업계 선도	세계 최대의 방산 기업이며, NASA에 주요 서비스 제공	글로벌 상업, 국방, 우주 분야에서 고객의 요구에 맞춘 전용 비즈니스 서비스	우주항공 분야의 금융 솔루션에 대한 글로벌 전문지식 제공

출처: 보잉

간다. 브라이언은 한 인터뷰에서 AEI 호라이즌X는 기존에 투자한 40여 개 스타트업에 더해 크게 네 가지 중점 분야에 투자를 진행할 계획이라고 밝혔다. 모빌리티, 우주·통신, 산업 기술 그리고 디지털 솔루션이 대표적인 분야로 꼽히고 있으며, 이러한 투자의 근간에는 탄소 배출 감소 등 지속가능성 여부에 방점이 찍힐 것으로 예상된 다.[14]

호라이즌X의 분사 및 AE 인더스트리얼 파트너스와의 파트너십 체결 등 새로운 시도의 배경에는 코로나19에 따른 항공산업의 그늘이 불거진 데 더해서, 최근 우주 경쟁에서 버진갤럭틱이나 스페이스X, 블루오리진 등에 비해 투자자들의 눈길을 끄는 데 실패한 것 아니냐는 평가도 일부 반영돼 있다. 한 예로 2021년 7월 19일 뉴욕 증시에서 다우존스30 산업평균지수의 터줏대감 격인 보잉(티커[✧]명 BA)의 주가가 4.93% 급락한 반면, 버진갤럭틱(티커명 SPCE)의 주가는 7.28% 급등한 적이 있었는데, 이는 올드 스페이스 대 뉴 스페이스 기업의 경쟁 구도를 보여주는 사례로 한동안 언론을 통해 회자되기도 했다. 보잉에게 우주·방위·보안 부문은 2021년 1분기 기준 총 매출의 47%를 차지하는 중요 사업이기 때문이다.

보잉의 행보는 인수합병에 방점을 둔 글로벌 전통 방산 기업들

✧ 티커Ticker란 주식에 부여되는 특정 코드로 주식의 이름을 쉽게 표기한 약어다. 보통 미국 주식의 경우 라틴 문자, 한국 주식의 경우 숫자(종목코드)로 표기하며, 국가에 따라 숫자와 라틴 문자가 혼합된 경우도 있다.

의 성장 전략과 사뭇 대조적인 모습이다. 이번 결정으로 보잉은 향후 미래 신사업 분야에 대한 기술 파이프라인을 보다 강화할 수 있는 기회를 얻게 됐고, 나아가 이미 투자한 12개 이상의 스타트업 지원에 대한 부담을 덜 수 있게 됐다고 설명했다. 이러한 보잉의 전략은 이미 몸집이 커져 신속한 연구·개발을 하기 힘든 글로벌 방산 기업들이, 더욱 빠르고 유연하게 연구·개발을 하는 기술 스타트업과 함께 성장할 수 있는 방안으로서 긍정적인 평가를 받고 있다.

이제 뉴 스페이스 시대에서 살아남기 위해 전통적인 글로벌 우주항공 및 방위산업 강자들도 새로운 변화와 혁신을 시도하기 시작했다. 대기업과 기술 스타트업이 공존할 수 있는 가능성을 보여준 보잉의 사례는 우주산업에 진출을 꾀하는 국내 기업들이 참조할 수 있는 유의미한 모델이 돼 줄 것이다.

07

한국형 위성 항법 시스템이 온다
LIG 넥스원

**방산 기업에서
뉴 스페이스 기업으로**

2021년 8월 과학기술정보통신부는 26일 KPS(한국형 위성 항법 시스템)의 활용 전략을 논의하기 위한 'KPS 개발 전략 보고회'를 개최했다. KPS 개발은 2022년부터 2035년까지 총 3조 7,234억 원 규모의 예산이 투입되는 국가 과제로 2018년 2월 국가우주위원회에서 제3차 기본계획으로 확정됐다.[*]

한편 2021년 5월 한·미 정상회담에서도 우리 정부는 미국과 KPS 개발에 협력하기로 합의한 바 있다. KPS 개발 사업은 정지궤도

한국 정부의 국가 우주 계획 변화

명칭	내용
제2차 기본계획 (2011년 2월)	• 우주 핵심 기술의 자립화 • 위성 정보의 활용 확대를 위한 체제 구축 • 우주산업 역량 강화를 위한 민간 참여 확대 • 우주개발 활성화를 위한 인력양성 및 인프라 확충 • 우주개발 선진화를 위한 체제 정비 및 국제 협력 다변화
우주개발 중장기계획 (2013년 11월)	• 독자 우주개발 추진을 위한 자력발사 능력 확보 • 국가 위성 수요를 고려한 인공위성 독자 개발 • 국민 삶의 질 향상을 위한 '다가가는 위성 정보' 활용 시스템 구축 • 미래 우주 활동 영역 확보를 위한 우주 탐사 전개 • 지속 가능 우주개발을 위한 우주산업 역량 강화 • 우주개발 활성화, 선진화를 위한 기반 확충
제3차 기본계획 (2018년 2월)	• 우주발사체 기술 자립 • 인공위성 활용 서비스 및 개발 고도화·다양화 • 우주 탐사 시작 • **한국형 위성 항법 시스템(KPS) 구축** • 우주혁신 생태계 조성 • 우주산업 육성과 일자리 창출

출처: 한국항공우주정책·법학회

위성 3기와 경사지구동기궤도 위성 5기 등 총 8기의 위성과 지상 및 사용자 시스템을 개발하고 구축하는 초대형 사업이다. 한국은 그간 미국의 GPS에 의존해왔는데, 이에서 탈피해 독자적인 위성 항법 시스템을 구축하겠다는 것이다.

❖ 우주개발진흥 기본계획은 우주개발진흥법에 따라 5년마다 수립되는 한국 우주 개발에 관한 중장기 정책 목표 및 기본 방향을 정하는 국가계획이다. 우주개발 에 관한 한국의 최고 심의기관인 국가우주위원회에서 심의한다.

한국형 위성 항법 시스템 구축에 천문학적인 예산이 들어감에도 불구하고 이러한 사업이 중요한 이유는 단지 미국에 대한 의존도를 줄이겠다는 데 기인하지 않는다. KPS는 미래 신사업으로 불리는 드론, 자율주행 자동차, UAM 등의 분야에서 위성 항법 정확도와 안전성을 갖출 수 있도록 지원하여, 향후 미래가치가 높은 사업을 육성하는 데 필수적인 인프라 역할을 한다. 뿐만 아니라 KPS 개발로 인한 고용 창출과 경기 부양 효과도 상당할 것으로 기대된다. 최근 들어 선진국을 비롯해 중견 국가에서도 독자적인 위성 항법 시스템 구축에 열을 올리는 이유가 거기에 있다.

한편 기존 GPS의 오차 범위가 미터 수준인데 반해, KPS에는 별도로 정확도를 높일 수 있는 기술이 적용돼 센티미터 수준으로 오차를 줄일 수 있을 것으로 보인다.[15] 위치 정보의 정확도를 높일 수 있는 기술은 군사적으로 활용가치가 높다는 측면에서 경제적으로나 국가안보적으로나 KPS는 매우 중요한 사업이다.

한국은 아리랑 위성, 천리안 위성 등과 같이 인공위성을 개별적으로 개발하고 운영한 경험은 풍부하지만, 위성 및 지상 장비, 그리고 사용자 시스템을 동시에 개발하고 운영한 경험은 전무하다. KPS 구축 간 민·관·군·산·학·연의 협력이 반드시 선행돼야 하는 이유다.

KPS의 이러한 경제적, 군사적 및 기술적 가치로 인해 LIG 넥스원, ㈜한화, 한국항공우주산업, KT SAT 등 국내 주요 방산 기업들의 관심이 높다. 뿐만 아니라 한화시스템이나 현대자동차, 삼성전자

우주산업의 로켓에 올라타라

LIG 넥스원의 핵심 기술 역량

감시정찰		지휘통제/통신		정밀타격	
레이더	반도체 송수신 모듈	전술통신	네트워크 알고리즘	정밀 유도무기	탐색기 유도조종 구동장치 항법장치 전파고도계 신관/추진기관 발사대
영상 레이더	능동배열안테나	사격 지휘통제	상황 위험평가		
광학(EO/IR)	고해상 EO/IR	함정전투 체계	함포 사격 제원 장치 설계기술		
수중감시	음향 및 항적 센서	데이터링크	모뎀		

출처 : LIG 넥스원, 〈Investor Relations 2021〉

와 같이 향후 UAM 등을 포함한 미래 신사업 추진 시 위성 항법을 필수적으로 활용하게 될 기업들의 관심 역시 크다.

이중 KPS 분야에서 가장 선두에 있는 기업은 LIG 넥스원이다. 국내의 대표적인 방산 기업인 LIG 넥스원은 적을 탐지하여 필요한 정보를 제공하는 감시정찰, 전장에서 획득된 정보를 바탕으로 판단 및 결정할 수 있는 전술지휘자동화체계, 표적을 타격할 수 있는 정밀타격 그리고 항공 및 전자전 등의 다양한 사업 포트폴리오를 가지고 있다.

KPS 개발전략 보고회에서 LIG 넥스원은 국내 기술로 개발 중인 '위성 핵심 구성품 기술' 개발 경험과 '위성 항법 관련 기반 기술' 개발 현황 등에 대해 보고하면서 KPS에서 신성장 동력을 찾겠다는 비전을 공유했다.

LIG 넥스원 등과 같은 방산 기업들이 우주에 관심을 두는 데는 글로벌 우주산업의 성장이 가장 큰 배경이지만, 경직된 국내 방위산업 구조와 함께 규모가 작은 내수 시장 또한 그 원인으로 작용한다.

통상 무기 체계 연구·개발은 각 군의 소요를 바탕으로 선행 연구 이후 탐색 개발, 체계 개발 및 양산의 단계를 거친다. 기업들은 탐색 개발부터 참여하게 되는데, 각 단계로 전환할 때마다 모두 경쟁으로 이뤄진다. 심지어 각각 단계를 나눠 진행되는 양산 과정에서도 경쟁이 원칙이고 이는 성능개량 사업 또한 마찬가지다. 일반 산업과 같이 가격 메커니즘에 기반한 경쟁 원칙이 적용되는 것처럼 보이지만 실제로 실행 단계에서는 부작용이 더 크다. 경쟁을 앞세우다 보니 매 단계 기업이 바뀌면서 기술 축적이 어려워졌고, 기술 역량 평가보다는 가격 경쟁을 통해 저가 낙찰로 기업이 선정되는 경우가 빈번하다. 또한 무기 체계를 사용하게 될 각 군의 입장에서는 소요 제기로부터 무기 체계 양산에 이르기까지 과도한 시간이 소요되는 단점이 발생한다.[16]

최근 이같은 방위산업의 문제점을 인식하고 다방면의 제도 개선과 함께 법규 제·개정이 추진 중인데, 지금이야말로 이와 함께 한국의 방위산업이 한정된 내수 시장에서 탈피해야 하는 필요성이 분명한 시점이다. 이러한 측면에서 뉴 스페이스 시대는 국내 방산 기업들이 국제적으로 경쟁력을 가질 수 있는 기회다.

우주산업의 로켓에 올라타라

사실 LIG 넥스원은 이번에 처음으로 위성 항법 분야에 진출하는 게 아니다. 이미 2006년 천문연 주관으로 위성 영상 레이더 개발을 국내 최초로 시작한 경험이 있으며 이러한 전력을 바탕으로 현재는 실용 위성급 영상 레이더 탑재체 개발 완료를 앞두고 있다.

국내에서 역대 최대 규모의 우주개발 프로그램인 KPS 개발 사업이 성공적으로 진행될 경우, 한국은 미국, 러시아, 유럽연합, 중국, 인도, 일본에 이어 위성 항법 시스템을 보유한 7번째 국가가 된다. 이는 우주 분야의 투자 확대를 가져올 뿐만 아니라 민간 우주산업이 활성화되는 계기가 됨은 물론이다.[17]

LIG 넥스원, 한화시스템, 한국항공우주산업이 향후 KPS 사업 참여를 통해 획득하게 될 위성탑재체, 위성 항법 장비 기술을 활용해 기존 주력 사업을 고도화하고 사업 다각화를 실현해 나감으로써 전통적인 방산 기업에서 벗어나 뉴 스페이스 기업으로 발전하는 대표적 사례가 되길 기대한다.

08

내일의 우주산업을 이끌
스타트업에 주목하라

우주,
4차 산업혁명과 만나다

•

뉴 스페이스 시대가 성숙기에 접어들면서 우주산업 중 미래에 부가
가치가 높아질 것으로 기대되는 분야는 데이터 기반 활용 서비스다.
예를 들어 위성이 취득한 데이터를 기상 정보에 활용하거나 지구
온난화 현황을 감시하는 활동 등이 이에 포함된다. 글로벌 우주산업
의 진행 과정을 보면 초기에는 제조 분야에 집중하지만, 시간이 지
날수록 위성 자산을 활용한 관련 서비스를 제공하는 방향으로 사업
을 확장하는 추세다. 스페이스X의 스타링크 사업이 대표적이다.

우주산업의 로켓에 올라타라

인공지능, 빅데이터, 클라우드 등 4차 산업혁명 기술과 융합한 위성 서비스 영역은 한국이 글로벌 우주경제에 있어 경쟁력을 가질 수 있는 분야이기도 하다. 이미 이러한 점에 착안해 혁신적인 4차 산업혁명 기술을 우주에 접목하고 있는 국내 기업들이 있다.

특히 인공지능은 미국이 중국과 치열하게 경쟁 중인 핵심분야 중 하나다. 2021년 4월 미 국방부가 미래 인공지능을 활용한 국방 정책의 방향성을 주제로 개최한 기자회견에서 인공지능국가안보위원회NSCAI의 로버트 워크Robert Work 부위원장은 "중국과의 패권 경쟁 시대에서 인공지능 분야는 핵심 기둥"이라고 강조했다. 인공지능국가안보위원회는 미국 대통령과 의회에 국가안보와 연계한 총체적 인공지능 정책을 조언하기 위해 2018년에 구성됐으며, 에릭 슈미트Eric Schmidt 전 구글 회장이 의장을 맡고 있다.

한편 미군은 작전역량 향상을 위해 합동전영역지휘통제의 구현을 추진하고 있다. 이는 미군 각 사령부가 운영하는 정보수집 센서와 전술 통제망을 단일화하기 위한 지휘통제 연결망 구축 사업으로, 인공지능을 활용한 설계구조 도입이 핵심이다. 이러한 과정에서 우주와의 연결성은 더욱 중요해질 것으로 예상된다.

우주와 인공지능의 접점은 향후 군을 비롯한 공공 수요의 확대와 함께 더욱 늘어날 것으로 보인다. 특히 미국이 한국을 비롯한 동맹국 및 우방국들과 공유할 수 있는 인공지능 기능의 상호 운용성을 최우선 과제로 추진할 것으로 예상되는 만큼 관련 분야에 대한 국내 수요 역시 증가할 전망이다.

국내 최초의 위성 개발 전문 기업,
쎄트렉아이

●

한국은 1992년 KAIST가 개발한 우리별 1호를 통해 세계 22번째 위성 보유국이 됐다. 1992년 8월 11일 우리나라 최초의 인공위성 우리별 1호가 고도 1,300km, 지구 경사각 66°인 임무 궤도에 성공적으로 진입했다. 한국의 우주개발 시대를 연 우리별 1호는 5년간의 공식 임무 기간에 우리나라 위성으로는 처음으로 지구 표면 촬영, 음성자료와 화상 정보 교신 등의 실험을 하고 우주 환경을 연구하는 등의 임무를 수행했다. 그러나 우리별 1호가 담당했던 무엇보다 가장 중요한 역할은 우리나라 국민에게 우주를 향한 '꿈'을 심어 주고, 한국이 우주로 진출할 가능성을 보여주는 일이었을 것이다.

1999년 설립된 쎄트렉아이는 한국 최초 위성인 우리별 1호를 비롯해 소형 과학위성을 개발한 KAIST 인공위성연구센터의 연구 인력을 중심으로 설립된 기업이다. 국내 최초의 위성 개발 전문 기업이자 위성 시스템 전체를 개발할 수 있는 국내 유일의 수출 기업이기도 하다. 우주에서 검증된 위성 체계 개발 능력을 바탕으로 설립 이래 현재까지 약 30개 이상의 국내외 위성 사업에 참여하고 있다.

위성을 운용하는 데는 크게 우주 영역Space Segment, 지상국Ground Segment, 발사체Launch Segment의 세 가지 요소가 필요하다. 이중 우주 영역은 다시 위성 본체와 위성 탑재체로 구분된다.

쎄트렉아이는 이 중 위성 체계 개발의 3대 핵심 기술인 위성 본

우주산업의 로켓에 올라타라

위성 운용의 3대 구성 요소

우주 영역	지상국	발사체

체, 전자광학 탑재체, 지상 시스템 기술을 모두 보유하고 있다. 이
중 전자광학 탑재체의 경우 오차 범위 0.3m에서 1m급의 고해상도
기술력을 보유하고 있으며, 나아가 초소형 군집 위성 시스템 기술
도 보유하고 있다.

2021년 1월, 한화에어로스페이스는 제3자 유상증자(580억 원)와
전환사채(500억 원)를 통해 쎄트렉아이의 지분 30%를 인수했다. 한
화의 발사체 및 통신 시스템 제조 역량과 쎄트렉아이의 위성 개발
기술이 합쳐지면 위성 관련 전체 분야에서 사업을 진행할 수 있는
역량을 갖출 것으로 전망된다. 위성 본체와 위성 탑재체, 지상국은
쎄트렉아이와 한화시스템이 담당하고, 발사체는 한화에어로스페이
스와 한화디펜스가, 서비스는 다시 쎄트렉아이가 담당하는 구조다.✢

✢ 1977년에 설립된 한화에어로스페이스는 항공기용 부품을 제조하는 한화의 계
열사로 그룹의 중간 지주 역할을 한다. 사업 부문으로 항공 엔진(한화에어로스페
이스), 방산(한화디펜스·한화시스템), 파워 시스템, 보안(한화테크윈), 산업용 장비(한
화정밀기계), ICT(한화시스템) 등을 포함한다.

최근 쎄트렉아이가 중점적으로 확장하고 있는 영역은 위성 영상 공급 서비스와 인공지능 기반의 영상 분석 서비스 분야다. 쎄트렉아이는 이를 위해 위성 시스템 관련 자회사인 SIIS와 SIA를 설립했다.

SIIS SI Imaging Services는 한국항공우주연구원의 다목적 실용 위성 KOrea Multi-Purpose SATellite, KOMPSAT인 아리랑 위성의 영상에 대해 해외 독점판매권을 보유하며, 그 외에 다양한 위성의 영상 판매 서비스를 제공하고 있다. 초고해상도 광학 영상과 SAR(고성능 영상 레이더) 영상을 전 세계 110여 개 재판매업자를 통해 제공함으로써 원격탐사 및 지구 관측 분야에 기여하고 있다. SIIS의 아리랑 위성 영상은 지도 제작, 농업, 재난 재해 관측과 같은 원격탐사 분야에 활용된다.

한편 SIA SI Analytics는 인공지능을 기반으로 위성 및 항공 영상 데이터를 분석하는 기업이다. 국방 및 감시정찰 분야에서 인공지능과 딥러닝 기반 분석에 관한 전문성을 보유하고 있으며, 자체 분석 솔루션과 플랫폼 개발을 통해 이미 해당 분야에서 경쟁우위를 확보했다. 자동 표적탐지ATD, 자동 표적인식ATR, 자동 변화탐지ACD, 영상 해상도 개선 등 영상 판독 및 처리 자동화 솔루션을 제공한다. 쎄트렉아이는 2023년에 자회사 SIA의 기술특례 상장(기술력이 우수한 기업에 대해 외부 검증기관을 통해 심사한 뒤 수익성 요건을 충족하지 못하더라도 상장 기회를 주는 제도)을 준비 중이다.

최근 위성을 기상, 국토 관리, 재난 대응, 군사 등 다양한 목적으로 활용하고자 하는 국내 수요의 증가로 인해, 위성 운용 규모는 2027년에는 100기 이상으로 증가할 것으로 예측된다. 더불어 과학

출처: SIIS

SIIS는 우리나라의 아리랑 위성 2호, 3호, 3A호, 5호의 위성 영상을 판매하는 기업이다. 초고해상도 광학 영상과 SAR 영상을 전 세계에 제공해, 원격탐사 및 지구 관측 분야에 기여하고 있다.

기술정보통신부는 글로벌 위성 영상 산업의 규모가 연평균 13%씩 성장하여 2026년에는 121억 달러(약 13조 9,150억 원)에 달할 것으로 전망하고 있다. 2021년 8월에는 이러한 인공지능 및 빅데이터와 접목한 민간 위성 정보 활용을 지원하고자 제1차관의 주재로 위성 정보 활용 전문가 간담회를 개최해, SIA를 비롯한 위성 영상 인공지능 분석에 강점을 가진 스타트업들을 초청했다.[18]

위성 정보 활용이란 다양한 위성에서 생성되는 서로 다른 빅데이터를 쉽게 활용할 수 있도록 표준화해 민간에 제공함과 동시에 여러 정보를 결합하여 새로운 서비스를 창조하는 기술을 의미한다. 즉, 방대한 양의 위성 영상을 인공지능 기반 알고리즘을 통해 분석

SIA는 인공지능 기반의 위성 및 항공 영상 분석 솔루션을 제공하는 벤처기업이다. 주요 솔루션으로는 표적검출(영상 내 주요 타깃 자동 탐지 후 객체정보 분석), 비접근지역 분석(초목, 건축, 도로, 수계지역 등 활동지 및 지형 분석), 변화탐지(지형, 건물, 도로 등 자동탐지 후 변화정보 분석), 분석 보고서 생성(분석 보고서 자동생성 및 인사이트 제공)이 있다.

하고 이를 고객이 원하는 정보로 제공하는 것이다. 예를 들어 전 세계 항만의 선박량을 분석해 물동량을 예측하고, 대형마트의 주차량을 살피거나 공항의 활주로에 있는 항공기 수를 분석해 쇼핑몰과 항공사들의 매출 추정이 가능하다. 심지어 원유 저장 탱크의 지붕에 생긴 그림자를 분석해 원유 저장량까지 예측할 수 있다. 과학기술정보통신부는 이러한 위성 정보를 활용하는 시장을 선점할 수 있는 기술 개발을 지원하기 위해 2022년에 '신규 위성 정보 빅데이터 활용지원 체계 개발 사업'을 기획할 예정이어서 빅데이터에 기반한 위성 정보 활용 산업 분야의 성장이 더욱더 기대된다.[19]

SIA는 2020년 3월 DIU(국방혁신단)가 주관한 xView 챌린지에

우주산업의 로켓에 올라타라

서 전 세계 2,000개 개인/단체 참가자 중 5위를 차지할 정도로 이미 뛰어난 기술력을 인정받았다. xView 챌린지란 인공위성을 활용한 인공지능 처리 관련 경진대회로 전 세계적으로 중요한 자연재해 및 안전 문제를 새로운 기술을 통해 해결하고자 하는 프로그램이다. SIA가 5위의 성적을 거둔 챌린지는 2020년에 진행된 xView2로, 재해 후 도로나 다리, 건물이 얼마나 손해를 입었는지 자동으로 평가하는 머신러닝 기반의 알고리즘을 공모했다. 해당 챌린지에서 수상한 솔루션들은 산불이나 허리케인 등의 재난 피해를 최소화하기 위해 세계 각국에 배포됐으며, xView2 데이터 세트는 현재 30개 이상의 정부 및 학술 기관, 업계 파트너들이 연구 및 운영 용도로 사용하고 있다. SIA는 뛰어난 기술력을 바탕으로 이러한 경연대회에서 전 세계 5위를 수상한 것이다.

참고로 2021년에는 DIU와 비영리 단체 글로벌피싱워치Global Fishing Watch가 공동으로 불법, 비보고, 비규제Illegal, Unreported, and Unregulated, IUU 어업과 관련한 컴퓨터 비전 알고리즘을 찾기 위해 xView3 챌린지 공모전을 개최한다.

IUU 어업은 식량안보, 해양 생태계, 그리고 지정학적 안정에 심각한 위협을 초래한다. 유엔 식량농업기구FAO에 따르면, IUU 어업은 전 세계 어획량의 20%를 차지하며, 몇몇 지역에서는 최고 50%에 이르기도 한다. 이러한 측면에서 미 국방부를 비롯한 파트너들과 동맹국 및 주요 비영리 기구들은 IUU 어업을 신속히 탐지해 그 피해를 줄이는 데 관심을 쏟고 있다. 물론 한국도 예외가 아니다.

xView3 챌린지 프로그램 담당자이자 DIU 보스턴 오피스에서 인공지능 및 머신러닝 프로그램을 담당하고 있는 예비역 조종사 조너선 허긴스는 필자와의 인터뷰를 통해 "한국에서 SIA와 같은 훌륭한 스타트업이 xView3 챌린지에 많이 참여해주기를 바란다"라고 전했다.

2021년 초 한화에어로스페이스의 투자 후, 쎄트렉아이는 한화와의 첫 번째 전략적 우주사업으로 세계 최고 해상도의 지구관측 위성인 스페이스아이-티SpaceEye-T를 개발한다. 스페이스아이-티는 30cm급 초고해상도와 12km의 관측 폭, 그리고 약 700kg의 무게에 달하는 고성능 지구 관측 위성이다. 여기서 30cm급 초고해상도란 가로세로 30×30cm 크기의 지상 물체가 하나의 화소(픽셀)에 담겨 우주 상공에서도 도로의 차량 종류를 식별할 수 있는 수준의 해상도를 의미한다. 이번 개발은 쎄트렉아이의 100% 자체 투자를 통해 진행되며, 발사 후 자회사인 SIIS가 직접 위성 운용 및 상용화를 담당한다는 구상이어서 보다 이목이 집중된다.[20] 2024년 초 위성 발사를 목표로 하고 있는 이번 프로젝트는 한국의 뉴 스페이스 시대를 이끌어갈 또 하나의 중요한 이정표가 될 것으로 기대를 모은다.

NASA로부터 인정받은 기술력, 에피시스 사이언스

•

국내에 쎄트렉아이가 있다면 미국에 진출해 미 국방부와 NASA로부

우주산업의 로켓에 올라타라

터 기술력을 인정받은 인공지능 스타트업도 있다. 바로 미국 캘리포니아 주 샌디에고 지역에 본사를 둔 에피시스 사이언스EpiSys Science, Inc., EpiSci다.

2012년에 설립된 에피시스 사이언스는 인공지능을 기반으로 한 자율 시스템Autonomous System을 연구·개발하는 딥테크Deep Tech 회사다. 전술적 인공지능Tactical AI이라고 하는 에피시스 사이언스만의 특화된 머신러닝 기술을 기반으로 현재 미국 국방과 우주항공 분야에서 필요로 하는 'Trusted Autonomy(신뢰할 수 있는 자율 시스템)'를 개발하고 있다. 지난 10년간 보잉, 록히드마틴 등의 대형 방산 기업을 비롯해 미국 스타트업과 경쟁하면서, DARPA(방위고등연구계획국)와 NASA, 그리고 DIU 등 미 국방 관련 기관으로부터 현재까지 총 3,000만 달러(약 345억 원) 이상의 연구 및 상용화 과제를 수주할 정도로 그 기술력을 인정받고 있다.

최근 가장 돋보이는 성과로는 2020년 DARPA가 주관한 인공지능 공중전 대회인 '알파도그파이트 트라이얼AlphaDogfight Trial'에 선발된 것을 들 수 있다. 이 대회에 참여한 8개의 회사 중에 총 3개 회사만이 기술력을 인정받았는데, 에피시스 사이언스의 경우 DARPA로부터 전술적 인공지능의 신뢰성을 높이 평가받았다. 참고로 이번 대회에서 보잉과 록히드마틴은 탈락했다.

알파도그파이트 트라이얼 대회를 통해 향후 에피시스 사이언스는 2024년까지 L-39 훈련용 비행기와 F-16 전투기에 탑재될 인공지능을 개발할 예정이다. 만약 개발이 성공적으로 진행될 경우, 에

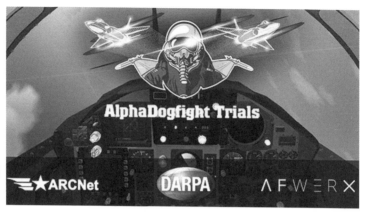

에피시스 사이언스는 미 DARPA가 주최한 인공지능과 인간 전투기 조종사의 가상 대결 알파 도그파이트 프로그램에도 8개 팀 중 하나로 참여했다.

피시스 사이언스는 2024년 세계 최초로 실전 인공지능 공중전 기술을 시연하게 된다. 한국계 미국 현지법인이 DARPA의 대형 프로젝트에 참여하는 경우는 아주 드문 사례로 이는 에피시스 사이언스의 인공지능 기술 능력이 국제 사회에서 매우 높이 평가받고 있음을 보여준다.

류봉균 대표는 필자와의 인터뷰에서 "에피시스 사이언스의 주 목표는 국방, 항공 분야에 꼭 필요한 인공지능을 개발하고 이를 실제 군용 및 항공 시스템에 탑재하기 위한 신뢰성을 확보하는 것"이라고 밝혔다.

에피시스 사이언스는 성공적인 전술적 인공지능 기술 개발을 통해, 이미 2021년부터 특정 하드웨어에만 국한되지 않는 오픈 미션

시스템Open Mission System, OMS에 입각한 '신뢰할 수 있는 자율 시스템' 솔루션을 상용화하는 데 성공했다. 향후 인간과 기계의 협업Manned/Unmanned Teaming, MUM-T, 군집 소형 인공위성 궤도 제어, 인지적 통신Cognitive Radio, 자율 통신망 관리Autonomous Network Management, 인공지능 신호처리AI-Based Digital Signal Processing 등의 영역으로 사업을 확장할 예정이다. 미래 글로벌 국방과 우주항공 분야를 이끄는 인공지능 스타트업으로서 성장이 기대된다.

하이브리드 기술 강자, 이노스페이스

●

2017년 설립된 이노스페이스는 소형 위성을 우주로 보내는 로켓 발사체 개발 기업으로 고체 연료와 액체 산화제를 함께 쓰는 '하이브리드 로켓 발사체'를 개발하고 있다. 이노스페이스의 하이브리드 기술은 연료와 산화제를 모두 고체로 채우거나 액체로 채우는 경우와 비교해서 폭발 사고의 위험이 낮고, 구성 부품의 가격도 훨씬 저렴하다는 장점이 있다.

일반적으로 로켓은 사용하는 연료에 따라 크게 고체 로켓Solid-propellant Rocket Moter, SRM과 액체 로켓Liquid-propellant Rocket Engine, LRE으로 나뉜다. 군사용 미사일이 고체 로켓을 사용하는 반면 대다수 우주발사체는 케로신(등유), 수소, 메탄 등 액체 연료를 활용한다. 고체 로켓은 구조가 비교적 간단하고 비용이 저렴하며 보관성이 뛰어나

액체 연료 케로신, 수소, 메탄 비교

기업	스페이스X	블루오리진	
연료	케로신	수소	메탄
장점	유지/관리 편의성 저렴한 가격	강력한 추진력 오염물질 적음	유지/관리 비용 낮음 엔진 재활용 횟수 높음
단점	엔진 재활용 횟수 낮음	유지/관리 비용 높음	연료탱크 중량 무거움

출처: 비욘드 그래비티, 매일경제

지만, 일단 발사가 된 이후에는 추력推力 제어가 어렵다는 단점이 있다. 로켓을 운동 방향으로 밀어붙이는 힘인 추력의 제어 여부는 고체 로켓과 액체 로켓의 가장 큰 차이점이라고 할 수 있다.

반면 액체 로켓의 경우 엔진 구조가 복잡하고 보다 많은 부품이 필요해 고체 로켓보다 제작비가 많이 든다. 그러나 이러한 단점에도 불구하고 액체 로켓을 사용하는 이유는 비추력(추진제 무게당 추력)이 높고 발사 후에도 점화와 소화를 반복하며 추력을 제어할 수 있기 때문이다. 대부분의 액체 로켓은 발사 직전에 연료를 충전해야 하므로 유사시 신속하게 사용해야 하는 군용 미사일보다는 발사 준비 시간에 구애받지 않는 인공위성 발사체에 적합하다. 대표적인 우주 기업인 스페이스X와 블루오리진 역시 액체 연료를 사용하는데, 스페이스X는 주로 케로신을, 블루오리진은 수소와 메탄을 사용한다. 위의 표에서 알 수 있듯이 같은 액체 연료라 할지라도 종류에 따라 각기 장단점이 있기 때문이다.[21]

우주산업의 로켓에 올라타라

이노스페이스가 개발한 하이브리드 로켓 이카루스는 고체와 액체 연료의 장점을 모두 가지고 있다. 액화산소를 산화제로 쓰는 것은 액체 로켓과 같지만, 연료는 고체 파라핀을 쓰기 때문이다. 이로 인해 주엔진의 구조가 고체 연료를 활용하는 경우와 같이 단순하지만 액화산소를 사용하므로 추력 조절이 가능하다. 이러한 기술력을 바탕으로 이노스페이스는 추력 15t의 로켓 이카루스를 통해 50kg 이하의 소형 위성 발사체를 우주로 쏘아 올릴 계획이다. 향후에는 500kg까지 발사 능력을 확장하는 것이 목표다.

현재 소형 발사체 시장의 선두주자는 로켓 발사체 일렉트론Electron의 실용화에 성공한 미국의 로켓 랩이다. 일렉트론은 500km 고도의 태양동기궤도에 150~225kg 사이의 페이로드payload(여객기나 비행체의 승객·우편·수하물·화물 등 중량의 합계)를 운반하는 데 기본 비용으로 570만 달러(약 65억 5,500만 원)가 든다.

주목받는 또 다른 업체로는 최근 DIU와 계약을 체결한 아스트라 스페이스Astra Space가 있다. 현재 아스트라 스페이스가 개발 중인 로켓은 250만 달러(약 28억 7,500만 원)의 비용으로 75~200kg 무게의 페이로드를 발사하는 것이 목표다. 참고로 아스트라 스페이스는 2021년 7월 1일부로 스팩을 통해 나스닥에 상장됐는데 이는 소형 발사체 시장에 대한 각국의 관심이 점점 더 커지고 있음을 보여주는 사례로, 아스트라 스페이스의 기업 가치는 약 21억 달러(약 2조 4,150억 원) 수준이다.[22]

이노스페이스는 2022년 상반기 브라질에서 시험 발사를 마친

상장 완료 또는 예정인 우주 스타트업

기업명	티커	거래소	기업 가치(추정)	주 분야
버진 갤럭틱 홀딩스 Virgin Galactic Holdings	SPCE	뉴욕증권 거래소	120억 달러	• 민간 우주 여행 • 초음속 항공기 개발
모멘터스 Momentus	MNTS	나스닥	44억 달러	• 저궤도 소형 위성 발사 서비스
로켓 랩 Rocket Lab	VACQ	나스닥	41억 달러	• 소형 발사체 시장의 선두기업 (벡터 어퀴지션 코퍼레이션과 합병)
스파이어 글로벌 Spire Global	SPIR	뉴욕증권 거래소	16억 달러	• 날씨 예보나 선박 추적을 위한 위성 개발 • 지구 궤도를 도는 소형 위성의 종합적 데이터를 NASA에 제공
아스트라 스페이스 Astra Space	ASTR	나스닥	21억 달러	• 발사 서비스
블랙스카이 BlackSky	BKSY	뉴욕증권 거래소	15억 달러	• 인공지능/머신러닝 기반 분석 플랫폼 (오스프레이 테크놀로지 어퀴지션과 합병)

출처: 각 사 홈페이지

후 2023년에는 본격적으로 실제 위성을 싣고 연간 30회의 상업 발사를 실시할 계획이다. 아스트라 스페이스의 경우 2022년에 첫 시제품 출시가 목표이니 이와 비교해서도 뒤지지 않는 속도다. 소형 위성 시장의 규모가 2020년에는 3조 원 수준에서 2027년 37조 원까지 성장할 것으로 예상되는 상황에서 이노스페이스의 경우 충분히 경쟁력을 갖출 것으로 기대된다. 특히 이노스페이스는 2021년 1월 80억 원 규모의 시리즈 A 투자*에 이어 6개월 만에 250억 원 규모의 시리즈 B 투자를 성공적으로 유치하면서 시험 발사와 후속 개발

우주산업의 로켓에 올라타라

에 매진할 수 있는 여건을 마련했다는 평이다. 향후 한국에서도 기업 가치 1조가 넘는 로켓 제조 기업이 나오길 기대해본다.

✥ 스타트업의 일반적인 투자 단계를 구분하여 시리즈 A, B, C 투자라 한다. 투자자가 스타트업에 투자하려면 해당 회사가 발행한 주식을 사야 하는데, 회사가 발행한 우선주가 언제 발행한 주식인지 구분하기 위해 미국 실리콘밸리에서는 투자 회차에 따라 우선주를 A, B, C로 구분했고 이 관행이 국내로 넘어와 시리즈 A, B, C 투자라는 말로 자리 잡았다. 현재 각 시리즈를 구분하는 기준은 명확하지 않으며, 투자금의 단계를 뜻하는 일반적인 용어로 통용되고 있다.

✦

6부

파괴적 혁신이
우주를 리드한다

01

마지막 투자처를
찾는 사람들

세계 첫 번째 조만장자는
우주에서 나올 것이다

뉴 스페이스는 우주가 돈이 되는 우주 상업화의 시대다. 미국 비영리 단체이자 세계 최대 벤처 재단인 엑스프라이즈XPRIZE 재단의 피터 디아만디스Peter Diamandis 회장은 미국 경제매체 《비즈니스 인사이더》와의 인터뷰에서 "세계 첫 번째 조만장자trillionaire는 우주에서 나올 것이다"라고 말했다.[1] 그만큼 우주는 이제 투자의 관점에서 블루오션을 뛰어넘은 '블루스페이스'인 것이다.

첫단 기술 및 기업 혁신 분야에서 세계 최고의 권위자이자 파괴적 혁신 이론으로 유명한 클레이튼 크리스텐슨Clayton Christensen 하버드대학교 경영대학원 교수는 저서《성장과 혁신The Innovator's Solution》을 통해 2~3년 이상 주주에게 평균보다 높은 수익률을 안겨주면서 성장을 지속하는 기업은 대략 전체의 10%에 불과하다고 강조한 바 있다. 반면에 성장을 추구하다가 기업 전체가 몰락한 사례는 부지기수다. 결론적으로 대다수 경영자뿐만 아니라 투자자들은 이래저래 성공하기 매우 힘든 상황에 처해 있는 셈이다. 시장은 기업의 성장을 요구하지만, 기업 입장에서 성장의 비결을 발견하기는 결코 쉽지 않다.

새로운 분야에 대한 투자를 고려할 때는 먼저 거시적인 글로벌 경제 상황과 정부의 정책 기조를 봐야 한다. 큰 틀에서 보면 어떤 기업도 시장과 정부와 대립해 이기기는 어렵기 때문이다. 그 이후 경쟁자 구도를 분석한다. 투자하려고 하는 경쟁 환경은 어떤지, 기술적 우위나 자본적 우위뿐만 아니라, 경영진의 역량과 의지도 매우 중요하다. 그다음으로 기업의 밸류에이션(가치평가)을 본다. 이때 재무적 관점에서 살펴보기도 하지만 최근에는 비재무적 관점에서 ESG(환경Environmental, 사회Social, 지배구조Governance의 앞글자를 딴 약자로 기업의 비재무적 성과를 판단하는 기준을 의미함)의 가치에도 무게를 둔다. 그렇게 해서 경쟁 그룹 대비 강력한 비교우위나 초격차를 만들어낼 수 있는 기업이라면 투자를 결정하는 방식이다.

뉴 스페이스 시대의 투자 역시 이러한 시각에서 접근이 가능하다. 우주항공 및 방위산업 분야는 물론 국가안보의 패러다임 전환은

우주산업의 로켓에 올라타라

비즈니스 모델의 근본적인 변화를 이끌어 내고 있다. 이런 상황에서 기존 투자 경험에만 의존한다면 기업 가치의 변화를 제대로 포착하지 못하는 실수를 범하게 된다. 우주 분야와 같은 신생 산업에 있어서 안타깝게도 아직 어디에도 투자에 대한 모범답안은 존재하지 않는다. 그래서 뉴 스페이스 시대 투자는 다양한 관점에서 접근할 수밖에 없다. 국가안보, 경제와 과학기술이라는 세 가지 축에 대한 이해를 바탕으로 가격 하락 등으로 매출이 증가하는 경우, 새로운 시장을 창출하는 경우, 새로운 비즈니스 모델을 통해 가치 창출을 정의하는 경우와 같은 여러 상황과 요소를 고려해야 한다.

더욱 중요한 점은 뉴 스페이스 시대의 우주 기술은 다른 영역의 변화를 선도할 뿐만 아니라 다양한 영역과 맞물려 발전하고 있다는 사실이다. 우주 기술은 지금까지 살펴본 국가안보, 과학기술 분야와 함께 혁신을 지속한다. 지금 우리는 우주 자체에서 생겨나는 비즈니스뿐만 아니라 이에 영향을 받아 끊임없이 새로운 영역이 파생되고, 다양한 변화가 일어나는 뉴 스페이스 시대의 시작점에 서 있다.

누가 우주에
투자하고 있을까?

●

최근 우주산업이 빠르게 성장하는 데는 미·중 간 우주에서의 패권 경쟁이라는 지정학적 요소, 그리고 이에 따른 2019년 미 우주군 출범 등 우주 분야와 관련한 국방의 수요 증가가 있다. 여기에 민간 기술의 수준이 빠르게 향상되면서, 스팩 합병과 같은 기업 공개 방식이 투자자들에게 매력적인 요소로 다가온 점도 한몫한다. 통상 로켓 개발 등 우주 기술은 막대한 투자 자금이 드는 데 비해 회수 기간이 길어, 투자자들이 꺼리는 투자처 중 하나였다. 하지만 스팩 합병을 통해 더 빠르고 간편하게 시장에 공개되고 투자 자금 회수가 가능해지면서 안정적인 대기업뿐 아니라 스타트업으로까지 투자 대상이 확대되고 있다.

이를 두고 《뉴욕타임스》는 "민간 기업들의 노력으로 우주선을 실제 쏘아 올리는 단계까지 기술 발전이 이뤄졌으며, 동시에 스팩 합병 방식이 투자자들을 스페이스 테크로 이끌고 있다"라고 말했다. 지난 1년간 글로벌 시장에서 우주개발에 투자하기 위해 설립된 스팩은 무려 11개에 이른다. 스팩 투자를 받은 로켓 개발 기업 로켓랩, 우주 데이터 기업 스파이어 글로벌Spire Global 등은 기업 가치가 수십억 달러 수준으로 높아졌다.[2]

영국의 투자 경제지 《파이낸셜타임스》는 최근 우주 기술 관련 펀드사인 세라핌 캐피털Seraphim Capital을 인용해 2020년 4월부터 2021년 3월까지 12개월간 우주 벤처기업에 대한 자본 투자가 1년 전보다 95% 증가한 87억 달러(약 10조 50억 원)를 기록했다고 보도했다. 스페이스X와 원웹 두 곳이 42억 달러(약 4조 8,300억 원)의 자금을 유치해 전체 투자금의 절반 가까이를 차지했다.

스페이스X는 2020년 비공개 펀딩으로 20억 달러(약 2조 3,000억 원)를 조달한 데 이어 2021년 2월에는 8억 5,000만 달러(약 9,775억 원)의 투자금을 추가로 유치했다고 밝혔다. 이러한 과정에서 스페이스X의 기업 가치는 740억 달러(약 85조 원)로 평가받았다. 국내 최대 게임사 넥슨의 지주회사인 NXC는 2020년 8월 국내 투자법인으로는 처음으로 스페이스X에 1,600만 달러(약 184억 원)를 투자해 스페이스X의 주주가 됐다.

반면 제프 베이조스는 지난 2021년 7월, 27년 만에 아마존의 CEO 자리에서 물러났다. 경영 일선에서 물러나 이사회 의장으로 자리를 옮긴 베이조스는 이후 블루오리진에 집중할 예정이다. 앞으로 매년 10억 달러(약 1조 1,500억 원) 상당의 주식을 현금화해서 블루오리진에 투자하겠다고 밝혔는데, 이처럼 블루오리진을 통한 베이조스의 우주 투자는 향후에도 꾸준히 증가할 것으로 보인다.

유진투자증권에서 2021년 4월 발표한 한 보고서에 따르면 우주산업에 투자를 하는 사람은 비단 머스크와 베이조스뿐만이 아니다. 마이크로소프트 창업주 빌 게이츠는 미국의 벤처기업인 위성 통신회사 카이메타에, 페이스북의 창업주인 마크 저커버그는 외계 지적 생명체를 탐구하는 기업 세티SETI에 투자했다.

국내에서도 우주에 대한 투자가 한창이다. 한화시스템이 2020년 5월 카이메타에 3,000만 달러(약 345억 원)를 투자한 데 이어, 2021년 1월 한화에어로스페이스가 국내 위성 기업 쎄트렉아이의 지분 30%를 인수했다. 이후 8월에는 한화시스템이 다시 원웹에 3억 달러(약 3,450억 원)를 투자하면서 재활용 발사 서비스, 우주 태양광 발전소, 우주 쓰레기 수거 등 다양한 우주사업 모델을 구축 중이다.

우주산업에 투자한 주요 기업가

기업가	소속 기업	투자 기업	주력 분야
일론 머스크	테슬라	스페이스X	데이터/발사체
제프 베이조스	아마존	블루오리진	발사체
리처드 브랜슨	버진 그룹	버진갤럭틱	발사체
마크 저커버그	페이스북	SETI	데이터
빌 게이츠	마이크로소프트	카이메타	데이터
래리 페이지	구글	플래니러티 리소시스	광물자원
세르게이 브린	구글	스페이스X	데이터/발사체
리카싱	CK 허치슨	윈드워드	광물자원
마화텅	텐센트	문 익스프레스	발사체
셸던 애덜슨	라스베이거스 샌즈	스페이스IL	발사체
폴 앨런	마이크로소프트	스트라토런치	발사체
리카르도 살리나스	그루포 엘렉트라	원웹	데이터
린 슈스터만	샘슨 인베스트	스페이스IL	발사체
유리 밀너	DST 글로벌	플래닛	데이터
마크 베노이프	세일즈포스	타라니스	데이터

출처: 유진투자증권

한화와 같은 방산 기업만 우주산업에 투자하는 게 아니다. 자동차 소재 제조를 전문으로 하는 기업인 코오롱글로텍은 최근 자체 보유한 복합 소재 기술력을 바탕으로 민간 우주산업 분야에 본격적으로 진출한다는 계획을 밝히면서 국내 스타트업 이노스페이스에 60억 원 규모의 전략적 지분 투자를 했다. 자재의 경량화를 위한 첨

　　　　　　　　　　　우주산업의 로켓에 올라타라

단 복합소재 기술 개발은 향후 발사체, 위성 프레임 등 우주산업의 각 분야에 적용될 것으로 예상돼 성장이 기대되는 분야다.

개미에게도 우주 투자의
문이 열리다

●

지금까지 우주 투자는 부자들의 전유물로만 여겨졌으나 최근 들어 일반 투자자들에게도 우주 투자의 기회가 늘어나기 시작했다. 파괴적 혁신 기업에 투자하며 전 세계적으로 선풍적인 인기를 끌고 있는 미국의 아크인베스트ARK Invest가 우주 ETF(티커명 ARKX) 상장 계획을 발표한 것이다.

ARKX는 미국 증권거래위원회에 상장 계획서를 제출한 날로부터 75일 후인 2021년 3월 30일 시카고 옵션 거래소CBOE에 정식 상장됐다. 공식적인 명칭은 '아크 우주 탐사 및 혁신 ETFARK Space Exploration&Innovation ETF'로 우주 탐사 및 혁신 관련 국내외 기업 중 장기적으로 성장 가치가 높은 기업들에 투자하는 액티브 펀드⁺다.

크게 궤도 우주항공 기업Orbital Aerospace Companies, 준궤도 우주항공 기업Suborbital Aerospace Companies, 혁신을 가능하게 하는 기술을 가

✤ 일반적으로 주식시장의 평균 수익률보다 더 높은 수익률을 기록하기 위해 다양한 리서치를 통해 포트폴리오를 구성하고 투자하는 펀드를 액티브 펀드라고 하며, 이에 반해 시장에서 형성된 시가총액 비중을 그대로 따라서 투자하는 펀드를 패시브(인덱스) 펀드라고 한다.

아크 우주 탐사 및 혁신 ETF의 투자 중점 분야

| 재활용 로켓 | 궤도 우주항공 | 준궤도 우주항공 | 드론 | 3D 프린팅 | 기반 기술 |

출처: 아크인베스트

진 기업Enabling Technologies Companies, 우주항공 수혜 기업Aerospace Beneficiary Companies 네 가지 분야에 해당하는 기업에 투자하고 있다.

궤도 우주항공 기업은 인공위성과 발사체를 포함한 플랫폼을 제작, 발사하고 관련 서비스를 제공하는 회사를 뜻한다. 준궤도 우주항공 기업은 준궤도 공간에서 플랫폼을 제작, 발사하고 서비스를 운영하지만, 아직 궤도에 머무르는 데 필요한 기술 수준에는 도달하지 못한 기업이다. 혁신을 가능하게 하는 기술을 개발하는 기업은 우주 탐사 관련 기업이 사용하는 인공지능, 로봇 공학, 3D 프린팅, 재료 및 에너지 저장 등의 기술을 개발하는 기업을 의미한다. 마지막으로 우주항공 수혜 기업이란 농업, 인터넷, GPS, 건설, 영상, 드론, 항공 택시, 플라잉카 등 우주항공 활동의 혜택을 받을 수 있는 기업이다.

2021년 7월 30일을 기준으로 ARKX FTF에는 트림블(9.99%), 아크 3D 프린팅(6.72%), 크라토스(6.30%), 이리듐(6.15%) 등의 기업이 상위 종목으로 들어있다.

패시브 펀드로는 미국의 빅3 투자 회사 중 하나인 블랙록에서

우주산업의 로켓에 올라타라

ARKX ETF의 상위 10 보유 종목

티커	기업명	보유 비중(%)
TRMB	TRIMBLE INC	9.99
PRNT	THE 3D PRINTING ETF	6.72
KTOS	KRATOS DEFENSE&SECURITY	6.30
IRDM	IRIDIUM COMMUNICATIONS INC	6.15
LHX	L3HARRIS TECHNOLOGIES INC	5.57
LMT	LOCKHEED MARTIN CORP	4.45
HO	THALES SA	4.23
U	UNITY SOFTWARE INC	4.10
6301	KOMATSU LTD	3.80
GOOG	ALPHABET INC-CL C	3.13

기준일 2021.07.30

출처: 아크인베스트ark-invest.com

ITA ETF의 상위 10 보유 종목

티커	기업명	보유 비중(%)
RTX	RAYTHEON TECHNOLOGIES CORP	19.71
BA	BOEING	18.63
LMT	LOCKHEED MARTIN CORP	5.55
TDY	TELEDYNE TECHNOLOGIES INC	5.01
LHX	L3HARRIS TECHNOLOGIES INC	4.83
GD	GENERAL DYNAMICS CORP	4.73
NOC	NORTHROP GRUMMAN CORP	4.51
TDG	TRANSDIGM GROUP INC	4.47
TXT	TEXTRON INC	4.26
HWM	HOWMET AEROSPACE INC	3.51

기준일 2021.07.30

출처: 아이셰어즈ishares.com

운용하는 '아이셰어즈 미국 우주항공 및 국방 ETFiShares U.S. Aero-space&Defense ETF(티커명 ITA)'가 있다. 2006년 5월 1일 개시됐고 추종 지수는 DJSASD(미국의 항공 및 방위 장비의 제조, 조립, 유통 업체의 시가 총액 가중치를 추적하는 지수)이다. 보유 한도는 종목당 자산의 22.5%를 넘지 않도록 설정 및 제한하며, 분기별로 리밸런싱rebalancing(운용하는 자산의 편입 비중을 재조정하는 일)한다.

2021년 7월 30일 기준으로 ITA ETF에는 레이시온(19.71%), 보잉(18.63%), 록히드마틴(5.55%) 등이 상위 종목으로 들어있으며, ARKX ETF에 비해 전통적인 방위산업 기업에 투자하고 있다. 이러한 우주 관련 펀드가 활성화될 경우, 펀드 자금 유입으로 우주산업 시장은 더욱 성장할 수 있을 것이다.

02

임팩트 투자가
가능하려면

ESG를 품은
우주산업

●

미국의 록펠러재단Rockefeller Foundation이 만든 글로벌임팩트투자네트
워크Global Impact Investing Network, GIIN는 '임팩트 투자Impact Investing'를 재
무적 수익과 함께, 긍정적이고 측정 가능한 사회적 또는 환경적 임
팩트를 거두려는 의도를 가지고 행하는 투자로 정의한다.

그런 점에서 지금까지 우주항공 및 방위산업은 담배 또는 석유
회사와 같이 ESG 요소를 중시하는 펀드에서는 찾아볼 수 없었다.
우주항공 및 방위산업 분야 기업들이 군사 무기를 제조하고 있기

때문인데, 이는 ESG 측면에서 보면 분명 부정적인 요소였다.

글로벌 리서치업체 모닝스타Morningstar data의 보고서에 따르면 2020년 6월 기준 북미와 유럽의 우주항공 및 국방 관련 종목을 포함하는 ESG 펀드의 비중은 전체 펀드의 2% 정도에 지나지 않는다. 이러한 주식을 보유하고 있는 펀드 중에서도 포트폴리오 내 우주항공 및 국방 관련 주식의 평균적인 가중치는 대부분 1% 미만이다.

더욱이 2022년부터 유럽에서는 우주항공 및 방위산업에 대한 투자가 더욱 어려워질 것으로 예상된다. 유럽연합의 지속가능금융 입법안Sustainable Finance Disclosure Regulation, SFDR에 따라 특정 무기와 관련된 회사에 투자할 경우 금융상품의 지속 가능성 리스크와 관련해 아래 항목들을 공개해야 하기 때문이다.

EU의 지속가능금융 공시 규정에 따른 주체별 의무 공시 항목

기업
- 온실가스
- 탄소발자국
- 투자 대상 기업의 온실가스 집약도
- 화석연료 분야 기업과 연관성
- 비재생 에너지 소비 및 생산 비중
- 기후 분야 에너지 소비 집약도
- 생물 다양성 민감 지역에 부정적 영향을 미치는 활동
- 폐수 방류
- 유해 폐기물 비율
- 유엔글로벌팩트 원칙 및 다국적 기업을 위한 OECD 지침 위반
- 유엔글로벌팩트 원칙 및 OECD 지침 준수 모니터링
- 조정되지 않은 성별 임금 격차
- 이사회 내 성별 구성
- 논란이 되는 무기(대인지뢰, 화학무기 등)에 대한 노출 정도

국가
- 투자 대상국의 온실가스 집약도
- 국제협약 및 국제법을 위반한 투자 대상국 비중

부동산 자산
- 화석연료와 부동산 자산의 연관성
- 비효율 에너지 부동산 자산과의 연관성

출처: 대외경제정책연구원

우주산업의 로켓에 올라타라

그러나 지금까지 살펴본 우주산업에서 알 수 있듯이 최근의 우주항공 및 방위산업 분야 기업의 성과는 사회적, 환경적 임팩트와 무관하지 않다. 그간 인터넷을 활용할 수 없었던 음영 지역에 인터넷을 제공하고, UAM은 전기 배터리를 활용함으로써 탄소 배출량을 줄이고자 한다. 또한 위성 영상을 AI 기반 알고리즘으로 분석해 불법 어업을 탐지하거나 재난 피해를 신속히 파악하는 등 ESG 측면에서도 충분히 긍정적인 평가를 받을만한 행보를 이어오고 있다.

더구나 냉전 시대까지의 국가안보 개념이 국가의 영토를 보전하기 위해 군사력을 사용하는 데 초점을 맞췄다면, 1990년대 초 냉전의 종식과 함께 국제 안보 환경의 변화에 따라 안보 개념 또한 달라졌다. 우선 안보의 주요 쟁점이 군사적인 요소로부터 경제적인 문제로까지 확장됐으며, 나아가 자원, 환경 및 사회 문제 등 비군사적인 요소들을 포괄하는 개념으로 확대됐다.

기본적으로 국가안보란, 객관적인 의미에서는 획득된 가치에 대한 위협의 부재를 의미하며 주관적인 의미에서는 그러한 가치가 공격받을 두려움이 없는 상태라고 정의할 수 있다. 기존의 안보 논의가 국가를 보호 대상으로 하는 '국가안보'에 중점을 뒀던 반면 최근에는 코로나19 상황과 같이 보호 대상으로 인간의 복지나 안전 문제에 더욱 큰 비중을 두는 '인간안보'의 개념이 부각되고 있다.

이에 국방 기술의 발전은 기존의 국가 대 국가 간의 전쟁을 상정한 무기 개발에 초점을 맞추는 데서 점차 인간을 보호하는 측면으로 그 방점이 이동하고 있다. 코로나19 대응 기술이나 사이버 공격으로부터 인프라를 보호하는 체계, 드론에 의한 범죄나 사고를 막기 위해 등장한 안티드론 등 국방 분야에서의 ESG 투자는 앞으로 더욱더 중요해질 것이다.

한 예로 한국 군의관이 만든 '코로나19 체크업(COVID-19 Check Up)' 앱은 2020년 5월 세계보건기구WHO의 디지털 솔루션 프로그램으로 등재됐고 구글은 해외에서도 이 앱을 사용할 수 있도록 50만 달러(약 5억 7,500만 원)를 조건 없이 지원하기로 약속했다.[3] 국방과 의료 그리고 정보통신 기술이 만나 글로벌 파급력을 갖게 된 사례라고 할 수 있다.

이제는 투자의 물줄기가
달라져야 할 때

●

한편 새로운 기술의 발전은 국방과 민간 사이에 있던 벽을 허물고 있다. 최근 국방에서 쓰이는 인공지능, 사이버 보안 기술, 우주 기술, 자율주행, 첨단 소재 등은 모두 민군 겸용 기술이다. 미국과 중국의 기술 경쟁 역시 민간과 국방의 선을 넘나든다. 새로운 기술이 계속해서 등장하고 지정학적 환경의 흐름이 바뀌는 만큼 이제는 투자의 물줄기도 달라져야 한다. 이는 국가안보가 무엇보다 중요한 한국의 입장에서 국방 분야에서의 임팩트 투자에 관심을 가져야 하는 배경이기도 하다.

물론 임팩트 투자도 '투자'다. 즉, 재무 이익을 기대하는 행위라

우주산업의 로켓에 올라타라

는 점에선 일반 투자와 다르지 않다. 하지만 수익을 창출하면서 부수적으로 사회공헌에 나서는 행위와 적극적·능동적으로 사회적 임팩트를 발생시키는 과정을 통해 돈을 버는 건 명백히 다르다. 전자의 경우 수익 창출이 목적이라면, 후자는 수단인 것이다.

국방 분야에 대한 임팩트 투자에서 주목해야 할 것은 그간 정부와 국가 기관의 주도로 이뤄졌던 영역을 혁신할 수 있다는 사실이다. 뉴 스페이스 시대의 시작은 국내 우주산업의 성장을 견인할 좋은 기회다. 미국 국방부 예하 DIU가 기술 스타트업 창업 초기, 투자자와 국방부를 연결하는 가교 역할을 함과 동시에 스타트업을 발굴하여 재무적 수익과 국방 분야의 문제 해결을 추구했던 전략은 한국군과 정부를 비롯한 국내의 우주산업 주체들이 국방 분야 기술 개발을 위한 투자의 방향성을 되돌아볼 수 있는 선례다.

2021년에 배정된 국내 중소벤처기업부 예산은 16조 8,000억 원이다. 중소벤처기업부는 2021년 예산안을 발표하면서 "혁신벤처와 스타트업이 중심이 되는 글로벌 디지털 강국으로 도약을 위해 '비대면 시대를 선도하는 소상공인'과 '중소벤처기업의 디지털화'에 주안점을 뒀다"라고 밝혔다.

그런데 실상 이 중에 국방 분야에 투자하고 있는 액셀러레이터 벤처 투자는 거의 없다. 국내 방위산업 분야의 진입 장벽이 여전히 높고 그만큼 접근하기 어려운 탓도 있겠으나 실제로 투자가치가 없기 때문이기도 했다. 그러나 이제는 무한대의 비즈니스 기회가 열리는 뉴 스페이스 시대가 시작됐다. 앞으로 우주항공 및 방위산업의 시장 규모는 지금까지와는 다르게 더욱더 커질 전망이며, 이미 발 빠른 글로벌 투자사들의 관심은 우주로 향하고 있다.

국방이라는 분야는 국가안보라는 공공재를 만들고 활용하면서, 사회 전반에 커다란 영향력을 끼칠 수 있는 중요한 부분이다. 그리 고 방위산업은 국가를 방위하는 데 필요한 물자를 생산하거나 개발 하는 산업으로 국가안보에 기여함과 동시에 국가 경제의 발전에 있 어 막중한 역할을 담당하고 있다. 따라서 뉴 스페이스 시대의 새로 운 기회를 잡기 위해선 우선적으로 국방과 방위산업이라는 공공 수 요를 놓치지 않아야 한다. 이 과정에서 국방과 기술 그리고 임팩트 투자라는 키워드가 자연스럽게 연결될 수 있는 토론의 장을 마련하 는 일이 무엇보다 중요할 것이다.

03

새로운 국가안보 패러다임이
필요한 시대

새로운 전쟁이
시작된다

미 공군 지휘참모대학의 에버레트 칼 돌만Everett Carl Dolman 교수는 2012년 발표한 자신의 논문에서 "미래의 전쟁은 우주에서 수행될 것이며, 가시화되지는 않았지만 이미 현실로 다가왔다"고 강조한 바 있다. 새로운 우주전쟁은 전통적인 전쟁의 원칙들과 경쟁의 논리를 그대로 적용할 수 있을 것이라 예견하면서 오직 전쟁이 발생하는 영역과 분야만 바뀌었을 뿐이라고 말했다.[4]

미국과 중국을 비롯한 선진국 간 우주 경쟁이 더욱 치열해지는 양상을 보면 미래전의 중심이 우주에 있을 가능성이 크다는 그의 주장은 신빙성 있어 보인다. 다만 칼 돌만이 우주전을 예견한 2012년에 비해, 2021년 현재 우주 전장은 우주 자체의 극한적인 작전 환경에 더해 우주 쓰레기 문제, 우주 기술 경쟁 등 더욱더 복잡하고 다층적인 성격을 띤다. 특히 최근 중국의 우주 굴기는 미래 우주전이 물리적 영역뿐만 아니라 사이버전과 인지전 같이 비물리적인 영역으로 확대되며, 심리적 성격까지 포함하고 있음을 잘 보여준다.

만일 우주에서 활동하는 주체 간, 의도적인 또는 의도하지 않은 적대적인 행위가 발생하는 경우 그 파급효과는 단순히 하나의 국가 또는 기관에만 미치지 않을 것이다. 군사적인 목적뿐만 아니라 GPS 등과 같이 일상생활과 밀접한 우주 자산의 특성상, 그리고 그 범위가 국경선에 제한되지 않는다는 측면에서 우주에서의 완전한 승리 또는 완전한 우위를 달성하기란 쉽지 않다.

뉴 스페이스 시대와 4차 산업혁명이 창출한 기술 환경 아래서 이러한 변화는 필연적으로 국가안보 패러다임의 전환을 요구한다. 첨단 기술의 발전 속도가 법과 제도, 국방정책, 군사전략 및 작전수행 개념의 발전 속도를 훨씬 앞질러 그 차이가 점점 벌어지고 있기 때문이다. 또한 국가가 대규모 기술혁신을 주도하고 수요자인 군과 공급자인 거대 방산 기업이 쌍방 독점하는 산업구조의 틀에서 벗어나, 민간 부문이 빠른 기술 발전을 주도하는 새로운 구조로 탈바꿈하고 있기도 하다.

우주산업의 로켓에 올라타라

최근 우주에 적용 가능한 과학기술의 발전은 그 자체로 첨단 기술산업이다. 그리고 스페이스X와 같은 스타트업들이 로켓을 재사용할 수 있는 기술혁신을 통해 우주에서 '경제성'의 가치를 구현하고, 인공지능, 자율주행, 드론 기술들이 융합됨에 따라 군은 군사작전의 효율성을 극대화할 수 있는 가능성을 갖출 수 있게 됐다.

기술적 기반을 강화해 작전 효율성을 높이는 것은 군이 직면한 과제 중 가장 중요한 부분이다. 기술 도입을 통한 혁신의 기회를 놓친다는 것은 곧 전쟁 수행에 있어 승리할 가능성을 놓친다는 것을 의미하기 때문이다. 특히 우주에서의 미래전은 기존의 전통적인 지·해상 및 공중의 물리적 영역과 비교적 새롭게 대두되고 있는 사이버 전자전 및 인지적·비물리적 영역과 떼어놓고 생각할 수 없다.

우주산업과 관련해 미래의 전쟁 양상은 크게 세 가지 측면을 고려해야 할 것이다. 첫째, 메가시티화에 따른 도심 지역의 작전 소요 증가, 둘째, 전자기 스펙트럼, 사이버 및 우주 영역의 군사작전 소요 증대, 셋째, 정보전의 중요성 증대가 그것이다. 이는 미래 국방 영역에서 발생하는 기술 및 체계의 소요와 밀접한 관련이 있을 가능성이 크다.

이러한 국방 수요에 따라 다양한 우주 기술 중에서도 우주 모빌리티, 통신과 원격탐사 위성 기술(우주 인터넷), 글로벌 위성 항법 시스템은 4차 산업혁명 기술과의 융합으로 그 중요성이 더욱더 증대되고 있다. 여기에 더해 우주 작전 환경에 큰 영향을 줄 수 있는 우주 쓰레기 처리 기술 역시 최근 중요한 분야로 대두되고 있다. 이같

은 우주 기술들은 국방 수요를 바탕으로 더욱더 주목받으며 새로운
비즈니스의 기회가 되고 있음은 물론이다.

살아남기 위해서는
협력이 필수

●

새로운 시장에서는 그 어느 때보다도 공공과 민간 부분에서 협력이
란 가치가 중요하게 요구될 것이다. 우주산업에 있어서 국가안보라
는 이유로 더는 정부와 일부 기업이 독점적인 수요자와 공급자의
태도를 고수할 수 없는 시대가 됐기 때문이다. 특히 우주항공 및 방
위산업은 외부의 위협으로부터 국가안보를 지키는 전략산업임과
동시에 첨단 기술의 테스트베드로 인식되고 있으며, 이렇게 생산된
기술을 활용해 민간사업을 성장시키는 역할도 안고 있다.

　미국과 중국 등 우주 선진국들의 우주전략을 살펴보면, 우주산
업 발전 간 공공 소요를 기반으로 스타트업을 포함한 민간 기업의
사업성을 우선적으로 높이는 중간 전략을 거쳐왔다. 이를 통해 군이
필요로 하는 기술을 획득하면서 예산을 절감하고, 자국의 우주항공
및 방위산업이 성장할 수 있는 토대를 마련한 것이다. 한국은 이제
막 뉴 스페이스 시대를 인지하고, 이를 위한 움직임이 태동하고 있
는 단계. 이러한 상황에서 우주 선진국의 선례를 참고함과 동시
에, 국방의 역할 및 이를 통해 한국의 우주력 발전에 기여할 수 있
는 산업 육성 전략은 더욱 거시적인 관점에서 논의돼야 할 것이다.

한편 국가안보에 있어 도전과 혁신이라는 단어는 그간 다양한 측면에서 실수를 용납할 수 없는 영역이라는 인식과 함께 정치적인 프레임에 갇혀 있었던 것이 사실이다. 하지만 지금은 새로운 시대에 걸맞은 국가안보 패러다임이 절실한 때다. 안보와 경제, 과학기술이라는 다차원의 방정식을 풀어야 하는 이른바 뉴 디펜스New Defense의 시대인 것이다.

기존 군의 영역에 머물러왔던 시공간의 해석이 더는 국방에만 머물지 않는다. 시공간을 초월하고 국경을 넘어 지·해상 및 공중, 사이버, 우주공간, 그리고 민간의 영역까지가 이제 전장이자 삶의 터전이며, 곧 산업의 발생지가 됐다. 파괴적 혁신은 기술, 경제, 국방이라는 톱니바퀴가 맞물려 돌아갈 때 그 양날의 검이 우리를 향하지 않는다. 개방과 협력은 이제 선택이 아닌 필수다.

이를 위해서는 우주에 적용할 수 있는 첨단 기술 기반의 스타트업 등을 비롯한 민군 협력 및 국제 협력 강화가 필요하다. 우주에 적용할 수 있는 기술의 범위는 소재, 위성, 발사체에서부터 인공지능 영상분석 기술 등에 이르기까지 매우 광범위하다. 이를 발전시키고 새로운 비즈니스 기회를 창출하는 건, 명실공히 기술력과 혁신성으로 무장한 스타트업이다.

미국과 중국은 다양한 도전과 주도권 확보를 통해 이러한 첨단 기술 기반 스타트업과의 민군 협력을 강화하고 있다. 특히 미국의 경우 상용기술을 더욱 신속하게 국방 분야에 적용하기 위해 2015년에 조직된 DIU는 이미 우주를 비롯한 다양한 분야의 민간 기술을 국방에 적용하려는 노력을 다각화하고 있다. 반면 한국은 아직까지 이러한 조직조차 구성돼 있지 않은 현실이다.

정부 주도만으로 모든 분야의 첨단 기술을 개발하는 데에는 한계가 있다. 특히 우주산업에 있어서 미래 우주전략을 수행하기 위해서는 더 신속하고 유연한 우주 기술 개발이 필요하며, 첨단 기술 기반의 스타트업이 국방 분야에 진입할 수 있도록 채널을 다각화하는 노력이 수반돼야 한다. 또한 한·미 동맹을 기반으로 우주에서의 연합작전 수행을 위한 우주 분야의 기술협력 강화도 필요하다.

단기적으로는 미국과 영국이 공동으로 개최한 우주 분야 챌린지 대회인 피치데이를 참고해 이와 유사한 이니셔티브를 추진하는 방안도 도움이 될 것이다. 장기적으로는 미국의 DIU와 같은 조직을 신설하는 방안을 고려할 필요가 있다. 이러한 노력은 보다 발전적인 방향에서 우주를 군사적으로 이용할 수 있을 뿐만 아니라 우주 기술 개발 분야에서 글로벌 경쟁력을 갖춘 국내 스타트업의 성장을 촉진할 수 있다.

애슈턴 카터 미국 전 국방부 장관은 2016년 신설한 국방부 혁신자문위원회 위원장에 구글의 전 회장이었던 에릭 슈미트를 임명했다. 국방부가 실리콘밸리의 창조적인 아이디어를 적시에 받아들이고, 이를 국방 분야에 효과적으로 적용하는 일을 돕게 한 것이다. 당시 카터 장관은 "슈미트가 이끌 새로운 조직은 국방부가 혁신에 초점을 맞춘 기술 친화적 자세를 갖도록 해줄 것"이라며 "혁신하지 않고, 경쟁력을 갖추지 않는다면 미군은 국가가 필요로 하는 군대가

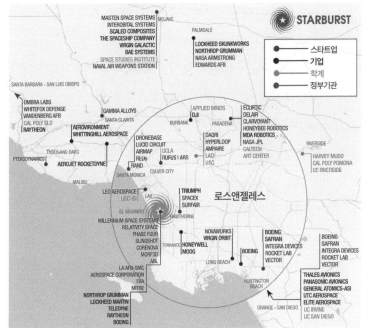

●	스타트업
●	기업
●	학계
●	정부기관

남부 캘리포니아, 특히 LA 지역은 현재 미국은 물론 전 세계적으로 유명한 억만장자들의 우주 관련 사업으로 열기가 뜨겁다. 일론 머스크의 스페이스X, 리처드 브랜슨의 버진갤럭틱 등이 LA 지역을 우주산업의 허브로 되돌려 놓을 준비를 하고 있다.

될 수 없다"라고 강조했다. 이러한 카터 장관의 시각은 현재 한국의 국방에도 시사하는 바가 크다.

　마지막으로 민·관·군·산·학·연이 협력할 수 있는 우주산업기 지Space Industrial Base 구축을 검토할 필요성이 있다. 스페이스X를 비 롯해 우주 분야에 적용 가능한 기술을 개발하고 있는 다수의 스타 트업이 위치한 미국의 로스앤젤레스는 그야말로 우주산업기지의 전형이다. 이러한 스타트업 생태계를 적극적으로 활용하기 위해 미군은 스타트업이 위치한 사무실 안에 '민감 특수 정보시설Sensitive Compartmented Information Facility, SCIF'을 구축할 정도로 스타트업과 협력하여 우주에서 활용 가능한 기술 개발에 적극적이다.

소요 군이 기술과 관련해 직접 의견을 제시하고, 이러한 의견이 충분히 반영된 기술을 개발할 수 있는 스타트업과의 협력은 한국의 국방 기술 개발 협력 생태계에서 반드시 참고해야 할 부분이다.

국가안보를 위해서는 국방 우주력 구축이 먼저 이뤄져야 하는데, 현재 이를 위한 국내 기관들의 실질적 협력은 아쉬운 점이 많다. 스페이스X가 지금의 규모로 성장하기까지 국가적 지원이 뒷받침됐다는 점, 그리고 국방과 첨단 기술 기반의 스타트업이 협력한 성공적인 사례라는 점은 한국이 우주 분야에서 협력 생태계를 구축하는데 있어서 국방부를 비롯한 정부의 역할이 무엇인지 다시 돌이켜보게 한다.

우주가 새로운 비즈니스 영역이자 미래 전장이라는 점에는 한 치의 의심도 없다. 미래 우주전에 대비하기 위해서는 그동안 정책적인 공간 영역에만 머물렀던 우주를 전략 및 작전, 그리고 전술적 전장 영역으로 인식하고 이에 맞는 우주전략을 구체화하는 노력이 필요하다.

무엇보다 우주라는 미지의 영역을 현실의 영역으로 끌어당기기위해서는 국가안보 패러다임의 전환이 선행돼야 한다. 이를 바탕으로 우주 영역에서의 합동 및 연합작전 수행을 위한 작전 개념, 우

우주산업의 로켓에 올라타라

주작전교리 발전 등 미래 우주전에 대한 연구가 보다 활성화된다면 국가안보에 기여할 수 있는 우주력 발전으로 이어질 수 있을 것이다.

04

우주를 향한
긴 여정의 시작

우주 강대국 대열에
합류할 수 있을까?

•

2021년 5월, 한·미 정상회담이 종료된 뒤 열린 공동 기자회견에서 문재인 대통령이 "기쁜 마음으로 한·미 미사일 지침 종료 사실을 전한다"라고 밝힘에 따라 한국에서도 우주산업에 대한 기대가 커지고 있다. 한·미 미사일 지침은 1979년 10월, 미사일의 최대 사거리를 180km, 탄두 중량을 500kg으로 제한하는 내용을 중심으로 만들어졌는데, 이후 북한의 핵미사일 위협이 고조되면서 제한이 점차 단계적으로 완화됐다.

우주산업의 로켓에 올라타라

2017년에는 탄두 중량 제한이 해제됐고, 2020년에는 우주발사체에 대한 고체 연료 사용이 가능해졌다. 이번 한·미 미사일 지침 종료를 계기로 우리나라가 개발한 위성을 국내에서 자국의 발사체로 쏘아 올릴 수 있는 능력을 보유하게 된다면, 한국 역시 우주 강대국의 대열에 합류할 수 있는 가능성이 커지는 셈이다.

우주 탐사 분야에서 한국은 후발주자로 국내의 우주산업은 여전히 올드 스페이스 시대의 수준에 머물러 있다. 그러나 2040년까지 1조 달러가 넘게 성장할 것으로 전망되는 새로운 시장인 우주 비즈니스에 손을 놓고 있을 수는 없다. 우주는 경제 성장뿐만 아니라 국가안보에서도 매우 중요한 영역이기 때문이다.

뉴 스페이스 시대가 시작됐음에도 불구하고 국내에서 우주항공 및 방위산업과 관련된 투자는 아직 스타트업이나 개별 기업 차원에서는 추진할 수 없는 실정이다. 세계적으로 재사용이 가능한 로켓의 개발로 발사 비용이 줄어들고 이를 바탕으로 다양한 비즈니스 모델이 생겨나는 추세지만, 우주산업은 여전히 빠른 시일 내에 수익이 발생하기 어렵고 그만큼 규모의 경제 없이는 함부로 도전조차 하기 조심스러운 분야이기 때문이다.

사업성과 비전만 바라보고 추진하기에는 천문학적 비용과 자원이 소요된다는 점에서 우주산업은 현실적으로 국가 주도의 미래 전략 사업이 될 수밖에 없다. 또한 미국과 같은 동맹국과 외교, 안보 부분에서 협의가 있어야 하고, 국방 공조 또는 협조를 해야만 하는 분야라 정부 정책의 일관성도 매우 중요하다. 이같은 상황에서 가장 필요한 것은 '과연 지금 한국이 할 수 있는 건 무엇이고, 하고 싶지만 할 수 없는 건 무엇인지' 가려내려는 노력이다. 선택과 집중, 그리고 국제 협력 등이 이제 막 우주로 한 걸음을 내딛은 우리에게 복합적인 고려요인으로 작용하는 것이다.

특히 정부, 군, 기업 및 대학의 민·관·군·산·학·연 연계를 통해 기술 개발 협력 생태계를 발전시키려는 노력이 요구된다. 우주항공 및 방위산업 분야는 군의 소요, 기업 차원의 전략, 정부의 과학기술, 산업 및 국방정책, 지역 생태계 등이 유기적으로 결합해 시너지 효과를 창출해야만 성과를 낼 수 있기 때문이다. 한·미 미사일 지침 종료로 인해 위성 및 발사체 개발뿐만 아니라 4차 산업혁명 기술과 결합한 위성 통신 서비스 등 다양한 우주산업 분야에서 비약적인 도약을 할 수 있는 기회가 마련됐다. 이 기회를 어떻게 활용해나가는지가 지금 우리에게 주어진 과제다.

혁신을 등에 업은
리더십으로

•

글로벌 경제 전문지 《블룸버그》는 '2021 세계 혁신성 지수2021 Bloomberg Innovation Index' 발표를 통해 한국을 전 세계에서 가장 혁신적인 국가로 선정했다. 싱가포르와 스위스가 우리의 뒤를 이었는데, 한국은 블룸버그가 처음 해당 지수를 발표한 2013년 이후 9년 동안 7번이나 1위에 올랐다. 세계 혁신성 지수는 연구·개발의 집중도, 제조업

우주산업의 로켓에 올라타라

부가가치, 생산성, 첨단 기술 집중도, 교육 효율성, 및 특허 활동 등 7개 분야의 통계 수치를 지수화해 평가한다.

세계적인 컨설팅 기업인 보스턴컨설팅그룹BCG이 매년 발표하는 '가장 혁신적인 세계 50대 기업The Most Innovative Companies' 자료에 의하면 2021년에 국내 기업 중 삼성전자(6위), LG전자(12위), 현대자동차(39위) 등 3곳이 이름을 올렸다. 한국은 국가 차원에서 이미 세계 정상 수준의 혁신 역량을 가진 것으로 평가된다. 기술 부분의 혁신 역량에 대한 평가도 이와 다르지 않다. 앞서 언급한 BCG의 세부 평가 영역인 기술 하드웨어 부문만 놓고 보면 삼성전자는 애플에 이어 전 세계 2위(2020년 기준)에 랭크되기도 했다.

극소수에 해당하는 초일류 기업을 제외한 나머지 기업들의 혁신 상황은 어떨까? 국내에는 5,000여 개의 대기업뿐만 아니라 10만 개의 중기업, 34만 개의 소기업이 존재한다. 우리가 중소기업의 혁신 문제에 주목하는 이유는 오늘날 세계 경제를 주도하는 미국의 4대 IT 기업인 'MAGA(마이크로소프트, 애플, 구글, 아마존)'도 1980~1990년대에는 중소기업이었기 때문이다. 구글의 역사는 이제 20년을 갓 넘겼을 뿐이다. 세계 경제를 주무르는 이들 대기업도 잘 알려진 바와 같이 처음에는 모두 차고에서 창업한 스타트업이었다.

한국도 네이버, 카카오, 쿠팡 등과 같이 스타트업으로 시작하여 성공한 사례가 이미 눈에 띄게 늘고 있다. 이제는 눈을 돌려 우주항공 및 방위산업 분야에서도 혁신을 추구할 시기다. 뉴 스페이스 시

세계 60대 혁신 국가

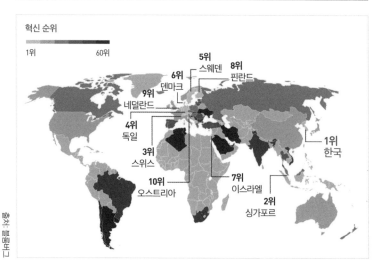

혁신 순위

1위   60위

5위
스웨덴

8위
핀란드

6위
덴마크

9위
네덜란드

4위
독일

3위
스위스

1위
한국

10위
오스트리아

7위
이스라엘

2위
싱가포르

블룸버그가 발표한 세계 60대 혁신 국가 현황. 2021년에는 한국과 싱가포르, 스위스가 해당 지수의 선두를 차지했다. 한국은 평가 대상 60개국 중 유일하게 90점 이상을 획득해 1위에 올랐다.

대를 맞아 대부분 국내 수요만으로 연구·개발을 하던 과거로부터 벗어나, 기획 단계에서부터 글로벌 우주항공 및 방산 시장에 진출하기 위한 혁신을 시도할 때인 것이다.

그리고 이러한 우주산업에서 민간 분야의 혁신을 위해서는 여전히 국가와 군의 역할이 중요하다. 민간이 우주산업의 주도권을 쥐게 됐지만, 이 시장을 개척해가는 과정에서 초기 대규모 투자가 필요한 데다 우주 자산은 공공재의 성격이 짙기 때문이다. 특히 국내의 경우 선진국 대비 상대적으로 물리적 자원이 부족하다는 측면에서

우주산업의 로켓에 올라타라

더욱 효과적인 민·관·군·산·학·연 협력 방식과 우주개발 전략에 대해 숙의하고 준비하는 자세가 필요하다. 이 과정을 지혜롭게 거친다면 향후 국내 우주개발에서도 스타트업을 비롯한 민간 기업이 핵심적인 역할을 수행할 수 있을 것이다.

아무도 가보지 않은 길을 개척하고 다양한 분야의 사람들의 마음을 한 방향으로 이끌어나가기 위해서는 긴 호흡의 '철학', '리더십' 그리고 '전략'이 필요하다. 이러한 방향성은 군대와 같이 똑같은 유니폼을 입고 똑같은 스케줄대로 움직인다고 해서 만들어지지 않는다. 오히려 다양성을 포용할 때 혁신은 가능하다. 4성 장군과 일론 머스크의 언어 및 사고방식은 다르지만, 국가안보를 위한 과학기술 개발이라는 목적을 앞에 두고 협력한 결과 전혀 새로운 방식으로 발사체의 비용을 낮출 수 있었고, 이는 뉴 스페이스 시대를 앞당기는 구심점 역할을 했다는 사실을 상기할 때다.

뉴 스페이스 시대에 군과 기업, 그리고 국가가 유의미한 성과를 내고 경쟁력을 확보하기 위해서는 무엇보다 리더십이 중요하다. 단순히 기술을 구현하는 것이 주된 목표가 아니라 기존 정책, 전략 및 사업을 포기하거나 파괴할 수 있을 정도의 용기를 지닌 리더가 필요한 것이다.

과학기술은 언제나 중요했지만, 팬데믹 이후 그 중요성이 더욱 커졌다. 기술은 경제의 중심이자 일상에서 없어서는 안 될 도구가 됐다. 정치도 이제 더 적극적으로 기술 개발과 정책에 개입하고 있다. 국가 간의 갈등과 경쟁 그리고 미래 전쟁의 중심에도 기술이 있을 것이다. 오늘날 기술은 곧 경제이자 정치며 외교·안보의 주요한 이슈가 됐기 때문이다.

좀 더 구체적으로 코로나19는 미·중 패권 경쟁에 큰 영향을 미치고 있다. 특히 미래 국가안보의 핵심이라고 할 수 있는 기술 패권 경쟁에 미친 영향은 지대하다.[5] 코로나19를 거치면서 5/6G, 반도체, 인공지능 등의 분야에 대한 관심은 개인과 기업 수준을 넘어 국가 대 국가 간의 경쟁이 됐고, 이로 인해 기술혁신의 국내적 기반을 강화해야 한다는 담론은 미국과 중국이 모두 자국 내 국방 관련 클러스터를 구축하는 양상으로 이어졌다. 해외 생산시설을 리쇼어링 Reshoring하는 기술 민족주의적 행보를 넘어 기술동맹으로 글로벌 질서 재구축의 움직임도 감지된다.

장기적인 관점에서 코로나19는 과학 연구와 기술 개발 경쟁의 심화를 가져올 것이다. 나아가 '5차 산업혁명'의 주도권을 가진 국가가 미래 세계의 패권을 장악할 것이라는 평가도 나온다. 최근에는 이러한 기술 경쟁이 우주로 향하고 있다. 우주 기술을 선점하고 발전시키며 이를 통해 국가 경쟁력을 확보하기 위해, 종합적인 시각과 판단력이 어느 때보다 절실한 시기다. NASA가 우주개발 역량을 결집하기 위해 시도한 대담한 혁신을 통해 앞으로 한국이 나아갈 방향을 되짚어볼 수 있을 것이다.

종종 리더의 결단력 있는 한 마디는 국가의 총 역량을 결집시키기도 한다. 1957년 소련이 스푸트니크 1호를 발사하고, 1961년 유리 가가린이 108분 동안 지구를 일주하는 우주 비행에 성공한 후 미국 전역은 낙담의 분위기로 가득했다. 그때 존 F. 케네디 미국 전 대통령은 "물론 우주를 개척하려면 큰 비용과 고난이 따르겠지만 그 보상도 클 것입니다. 그래서 어떤 이들은 우리가 조금 더 현재 위치에 머물며 쉬기를 바라는 겁니다. 우린 유인 비행 분야에서 확실히 뒤처져 있고 한동안 그러하겠지만, 계속 뒤처질 생각이 없으며 10년 안에 따라잡아 앞서 나갈 겁니다. 우리 세대는 다가오는 우주 시대의 여파 속에서 침몰할 생각이 없습니다. 우린 그 여파의 일부가 돼 선도하고자 합니다"라고 말했다. 전 국민에게 미국이 왜 달에 가야 하는지 그 이유를 명쾌하게 설명한 것이다. 지금도 계속 회자되는 1962년의 그 연설은 우주를 향한 긴 여정을 시작하는 한국이 '왜 지금 우주인가'라는 질문에 대해 다시 한번 심도 있게 생각하도록 만든다.

에필로그

✦

"미래를 예측하는 가장 좋은 방법은 미래를 창조하는 것이다."

- 피터 드러커, 미국의 경영학자

2019년 11월, 미 공군 우주 피치데이 행사에 참석하고 돌아오자마자 책을 써야겠다고 다짐을 한 후 이렇게 책을 마무리하기까지 꼬박 2년이 걸렸다. 책을 쓰는 동안에도 하루, 한 주, 한 달 단위로 우주에 떠 있는 위성의 수가 바뀌고 새로운 기술이 개발됐으며 수많은 스타트업이 증권거래소에 상장됐다. 변화를 따라가기에도 벅찼다. 그야말로 초 단위로 바뀌는 우주시대의 빠른 속도를 다시금 체감하는 시간이었다.

우주산업의 로켓에 올라타라

이 책을 통해 어느새 성큼 다가온 뉴 스페이스 시대를 과학기술과 국가안보, 그리고 경제라는 세 가지 측면에서 조망하고자 했다. 어느 한 축으로만 바라보는 것은 흡사 코끼리 다리를 만지고 전체를 판단하는 성급함을 가져올 수 있기에, 최대한 균형 잡힌 시각을 가지고 바라보려 노력했다. 그런 점들로 인해 어떻게 보면 각 측면이 어느 하나 완벽하다기보다 다소 부족하게 느껴질 수도 있을 것이다. 하지만 이러한 부족함이 향후 국내 우주산업의 발전을 이끌어 가는 담론을 형성해 건설적인 토의로 연결됐으면 하는 바람이다.

무한한 가능성을 품고 있는 뉴 스페이스 시대는 변화, 혁신 그리고 위기로 가득하다. 동시에 개인에게는 새로운 투자처가 되고, 군에게는 새로운 안보 환경으로 나아가는 변화의 기로이며, 국가 차원에는 이제 막 선진국의 반열에 들어선 우리나라가 한 단계 더 도약할 수 있는 기회가 될 것이다. 그렇기에 지금은 빠르게 변화하고 있는 뉴 스페이스 시대를 정확히 이해하고, 우주산업의 기반을 만들어 나가야할 시기다.

확실한 것은 우리 아이들이 어른이 되어 살아갈 미래에는 지금보다 우주가 더욱 가까이 다가와 있을 거라는 사실이다. 머지않아 우주시대를 살아갈 아이들에게 현재 우리 어른들이 해줄 수 있는 것이 무엇일까? 한국에서 살아갈 아이들에게 어떤 경제, 기술 및 안보 환경을 남겨줄 수 있을까? 이 책을 통해 그러한 질문에 조금이나마 답이 되길 바라는 마음이다.

책을 쓰는 동안 늘 옆에서 조용히 응원해준 엄마 김연숙 여사님, 우리 딸 수연이와 아들 호연이에게 지면을 빌어 감사의 마음을 전한다. 또한, 가지 않은 길을 묵묵히 함께 걸어가 주는 미래국방기술창업센터 이경택 수석연구원, 김승영 연구원, Grace Kim 연구원, 이덕영 연구원에게도 늘 감사하다는 말을 전한다. 항상 관심 가져주시고 내용을 하나하나 감수해주신 연세대학교 항공우주전략연구원 안재봉 부원장님께도 진심으로 감사드린다. 끝으로 이 책이 출간될 수 있도록 세심하게 챙겨 주신 박은정 기획자님, 미래의창 김성옥 주간님, 안대근 편집자님께도 깊은 감사를 전한다.

개인적으로 이 책은 20년간 군복을 입었던 한 명의 군인으로서 마쳐야 할 과업과도 같았다. 그간의 군 경험을 바탕으로 새롭게 변화하는 안보 환경에 대해 최대한 객관적인 시각으로 담아내려 노력했다. 지금도 군에서 최선을 다하고 있을 선후배 및 동기들에게 이 책을 통해 감사 인사와 응원의 마음을 대신 전하고자 한다.

미래를 예측하는 최선의 방법은 미래를 창조하는 것이다. 어떠한 선택을 하든 새로운 패러다임의 전환은 이미 시작됐다. 이러한 변화의 흐름을 읽어나가는 데 이 책이 조금이나마 도움이 되길 바란다.

미주

✴

프롤로그

•

1   김환영, 〈'뉴 스페이스'시대 속 유럽 우주산업 생태계 현황〉, KOTRA기고문,
    2020.09.10.

1부

•

1   "Rocket Elon: How Tesla's Eccentric Boss Became The Number Two Richest
    On Forbes' 2021 Billionaries List", 《Forbes》, 2021.04.06.

2   "Air Force awards $9 million on first Space Pitch Day San Francisco", 《Space
    News》, 2019.11.05.

3   "올드스페이스에서 뉴스페이스 시대로", 《The Science Times》, 2020.07.01.

4   "전 세계가 주목하는 1,110조 원 규모 '우주산업'… 우주항공주 관심 '급증'",
    《서울경제》, 2021.03.02.

5   임창호, 〈소형위성 시장동향과 전략적 시사점〉, 《Aerospace Issue》 3호,
    한국항공우주연구원, 2020.12.

6   전재성, 〈미국의 방위산업체 현황과 미국의 동아시아 전략〉, 《서울대학교
    미래전연구센터 총서2》, 한울아카데미, 2021.

7   "트럼프 대통령, 우주군 창설 계획 발표", 《AP통신》, 2017.10.

8   "미중 군사갈등 속 시진핑, '군민융합 전략' 지원 박차", 《연합뉴스》, 2018.10.16.

9   김상배, 〈우주공간의 복합지정학: 전략, 산업, 규범의 3차원 경쟁〉, 한국정치학회,
    2020.08.20.

10 "NASA는 어떻게 두 마리 토끼를 잡을 수 있었나", 《조선일보》, 2016.08.06.

11 "민간혁신 길잡이 되는 공공조달이어야", 《한국경제》, 2019.07.04.

2부
•

1   "미 의회 보고서 '미, 중러 상대로 전쟁하면 패할 수도'", 《연합뉴스》, 2018.11.15.

2   Ashton B. Carter and John P. White, 《Keeping the Edge: Managing Defense for
    the Future》, MIT Press, 2001, pp.129-164.

3   "6G의 지배자가 천하를 얻는다… 앞서가는 중국, 쫓아가는 미국", 《조선일보》,
    2021.07.02.

4   "Elon Musk: launch pad accident 'most difficult failure' in SpaceX's history", 《The
    Guardian》, 2016.09.10.

5   박성익, 《챌린저호의 교훈》, 감사원, 2004.

6   "Who Will Tomorrow's Historians Consider Today's Greatest Inventors?", 《The
    Atlantic》, 2013.11.

7   "Global Arms Industry: Sales by the Top 25 Companies Up 8.5 Percent",
    《Stockholm International Peace Research Institute》, 2020.12.07.

8   "중국 방위산업도 'G2' 굳건히… 세계 10대 기업에 3곳 포함", 《경향신문》,
    2020.12.07.

9 "中, 러시아 제치고 세계 2위 무기 생산국… 1위는 미국", 《한국일보》, 2020.01.27.

10 "중국제 드론 떵호와? 中 해외 무기수출이 수직상승한 이유", 《중앙일보》, 2019.04.28.

11 "Chinese Arms Industry Ranks Second Behind U.S., Report Says", 《The Wall Street Journal》, 2020.12.06.

12 "아이언돔 만든 이스라엘 라파엘은 어떤 회사?", 《아시아경제》, 2021.11.22.

13 "박독점 규제 몰린 페북, 로비자금 방산 기업 제치고 1위", 《조선일보》, 2021.01.26.

3부
•

1 〈DEFENSE SPACE STRATEGY SUMMARY〉, U.S. Department of Defense, 2020.06.

2 "최연소 타이틀, 中 '과학계 여신'의 놀라운 이력", 《중앙일보》, 2021.07.22.

3 현상백·최원석·문지영·이효진·오윤미, 〈중국 14차 5개년 규획(2021~2025)의 경제정책 방향과 시사점〉, 대외경제정책연구원, 2020.12.02.

4부
•

1 "UBS '우주여행 시장, 2030년 40억 달러 규모'" 《글로벌이코노믹》, 2021.07.22.

2 "우주정책, 패러다임이 바뀌고 있다", 《프레시안》, 2019.08.09.

3 〈하늘 위에 펼쳐지는 모빌리티 혁명, 도심 항공 모빌리티〉, 《삼정 Insight》 제70호, 삼정KPMG 경제연구원, 2020.03.23.

4 심혜정, 〈도심 항공 모빌리티(UAM), 글로벌 산업 동향과 미래 과제〉, 《Trade Focus》 2021년 22호, 한국무역협회 국제무역통상연구원, 2021.

5 "2025년 교통체증 없는 '도심 하늘길' 열린다", 《굿모닝경제》, 2020.06.04.

6 심혜정, 앞의 글.

7   "머스크의 스페이스X, 한국군 통신 위성 쏜다", 《조선일보》, 2020.06.12.

8   "3D 프린팅 로켓 만든다는 미 스타트업, 7천억원 투자 유치", 《한국경제》,
    2021.06.09.

9   "6G 통신속도, 5G의 50배… 미-중-일-한 '꿈의 기술' 특허 전쟁", 《동아일보》,
    2021.07.13.

10 "위성강국이 6G 이끌텐데… 韓 보유위성 美의 1% 불과", 《매일경제》, 2021.3.16.

11 "북한, 인터넷 보급률 0.1% 세계 꼴찌", 《조선일보》, 2019.09.09.

12 "LIG넥스원, 위성사업서 미래 성장동력 찾는다… 'KPS 개발전략 보고'",
    《이데일리》, 2021.08.26.

13 안형준, 〈위성항법시스템의 국제 경쟁과 국제협력〉, 《서울대학교 미래전연구센터
    총서3》, 한울아카데미, 2021.

14 "GPS vs 베이더우… 위성항법 시장, 미중 패권전쟁 새 격전지로", 《조선일보》,
    2021.04.23.

15 "중국 최초 '5G+베이더우 위성' 접목 대용량 AGV 운영", 《로봇신문》, 2021.08.25.

16 "승리호가 그린 미래… 인류 위협할 우주 쓰레기", 《매경프리미엄》, 2021.03.06.

17 신상우, 〈UN 우주활동 장기 지속가능성(LTS) 가이드라인 채택의 의미〉, 《Journal
    of Aerospace System Engineering Vol.13》, No.5, 2019, pp.49~56.

18 "1억개 우주 쓰레기 청소 사업에 뛰어드는 기업들", 《조선일보》, 2021.02.10.

19 "The world's first wooden satellite will alunch this year", 《Space.com》,
    2021.06.15.

5부
•

1   목대균, 《글로벌 혁신전쟁》, 미래에셋은퇴연구소, 2019(비매품).

2   "크루 드래건: 스페이스X, 첫 민간 유인 우주선 발사 성공", 《BBC NEWS 코리아》,
    2020.05.31.

3   "스페이스X 팰컨9, 위성 143대 지구궤도 배치 '신기록'", 《매일경제》, 2021.01.25.

4 "The Commercial Space Age Is Here", 《Harvard Business Review》, 2021.02.12.

5 안형준·박현준·이혁·김은정, 〈뉴스페이스 시대, 국내 위성산업 글로벌 가치사슬 진입 전략〉, 과학기술정책연구원, 2020.12.30.

6 "여의도~강남이 단 5분… '항공택시, 부동산 시장도 바꿀 것'", 《조선일보》, 2021.06.14.

7 "현대차, 2026년 '카고UAS' 양산…2028년 PAV 상용화", 《뉴시스》, 2021.07.10.

8 "현대차, 세계 첫 플라잉카 공항 '에어원' 英서 건설 참여", 《매일경제》, 2021.01.29.

9 "SpaceX's Starlink satellites could make US Army navigation gard to jam", 《MIT Technology Review》, 2020.09.28.

10 "SpaceX adding capabilities to Starlink internet satellites, plans to launch them with Starship", 《CNBC》, 2021.08.19.

11 "일론 머스크의 야심작 '스타링크' 8월부터 전세계 서비스 '최대 33조원 투자할 것'", 《서울경제》, 2021.06.30.

12 "영국도 우주인터넷 위성 36개 추가 발사, 머스크 독주 멈추나", 《한겨레》, 2021.07.05.

13 "김동관 우주산업 본궤도…머스크 '스타링크' 잡는다", 《이데일리》, 2021.08.12.

14 "What's next for the Boeing-AEI investment partnership", 《Washington Technology》, 2021.09.01.

15 "우리나라 위성항법시스템 KPS", 《전자신문》, 2021.07.04.

16 "경쟁에 매몰된 방위산업, 기술 전문기업 육성으로 전환해야", 《뉴스투데이》, 2020.02.27.

17 "LIG 넥스원, 한국형 위성항법 개발… '경제 가치 7조 넘어'", 《뉴시스》, 2021.08.26.

18 최진혁, 〈인공지능과 빅데이터 접목으로 민간 위성 정보 활용 돕는다〉, 과학기술정보통신부, 2021.08.18.

19 "과기정통부, AI·빅데이터 기술 접목해 민간위성 정보 활용 지원", 《연합뉴스》, 2021.08.18.

20 "쎄트렉아이, 최고 해상도 지구관측 위성 개발… 한화와 전략적 우주사업 첫
   추진", 《조선일보》, 2021.08.18.

21 김철웅·임병직·이기주·박재성, 〈차세대 발사체용 연료선정에 관한 연구〉, 《Journal
   of the Korean Sociwty of Propulsion Engineers, Vol.25》, No.3, 2021, pp.62-80.

22 "돈 벌기 시작한 위성, 발사체 사업… 미 우주기업들 상장 러시", 《조선일보》,
   2021.3.23.

6부

•

1 "Peter Diamandis: The first trillionaire is to be made in space", 《Business
   Insider》, 2015.05.03.

2 "Start-Ups Aim Beyond Earth", 《The New York Times》, 2021.07.07.

3 원세연, 〈한국 군의관이 만든 코로나19앱… 국제사회 주목〉, 정책브리핑,
   2020.10.06.

4 Everett Carl Dolman, 〈New Frontiers, Old Realities〉, AIR UNIVERSITY, 2012.

5 김상배, 〈비대면 시대의 미중 기술 경쟁〉, 《서울대학교 국제문제연구소 총서 39》,
   사회평론아카데미, 2021.

뉴 스페이스 시대의 비즈니스 전략

우주산업의 로켓에 올라타라

초판 1쇄 발행 2021년 10월 18일
초판 2쇄 발행 2021년 12월 17일

지은이 조동연
펴낸이 성의현
펴낸곳 (주)미래의창

편집주간 김성옥
책임편집 안대근
디자인 윤일란
홍보 및 마케팅 연상희 · 김지훈 · 김다울 · 이보경

출판 신고 2019년 10월 28일 제2019-000291호
주소 서울시 마포구 잔다리로 62-1 미래의창빌딩(서교동 376-15, 5층)
전화 070-8693-1719 **팩스** 0507-1301-1585
홈페이지 miraebook.co.kr
ISBN 979-11-91464-53-5 03320

※ 책값은 뒤표지에 있습니다. 잘못된 책은 바꿔 드립니다.

생각이 글이 되고, 글이 책이 되는 놀라운 경험. 미래의창과 함께라면 가능합니다. 책을 통해 여러
분의 생각과 아이디어를 더 많은 사람들과 공유하시기 바랍니다.
투고메일 togo@miraebook.co.kr (홈페이지와 블로그에서 양식을 다운로드하세요)
제휴 및 기타 문의 ask@miraebook.co.kr